Investieren in P2P-Privatkredite

Was man wissen sollte, wie man Fehler vermeidet und erfolgreich investiert

Kolja Barghoorn
Lars Wrobbel

2. Auflage | Januar 2016

Herstellung und Druck: Siehe Eindruck auf der letzten Seite
Covergestaltung: Victoria Davies
Lektorat: Roland Suljic

www.aktienmitkopf.de
www.passives-einkommen-mit-p2p.de

ISBN: 1517137764
ISBN-13: 978-1517137762

Haftungsausschluss:

Dieses Buch soll dir keine spezifischen Anlage-Empfehlungen geben und enthält lediglich allgemeine Hinweise und persönliche Erfahrungen. Autoren, Herausgeber und die zitierten Quellen haften nicht für etwaige Verluste, die aufgrund der Umsetzung ihrer Gedanken und Ideen entstehen. Wir vertreten lediglich unsere persönlichen Meinungen und beschäftigen uns ausschließlich in unserer Freizeit mit P2P-Investments.

WIDMUNG

Gewidmet all jenen, die immer auf der Suche nach neuen und innovativen Investitionsmöglichkeiten sind und sich nicht davor scheuen, eigene Erfahrungen mit alternativen Investments zu machen.

INHALT

VORWORT KOLJA BARGHOORN

Jeder Mensch lernt früher oder später, dass es besser ist Vermögen aufzubauen, statt Schulden zu machen.

Einige haben das Glück und bekommen diese etwas triviale Weisheit bereits von ihren Eltern "in die Wiege gelegt" in Form eines disziplinierten Umgangs mit Geld. Andere hingegen (zu denen gehörte ich) mussten sich den Umgang mit Geld selbst beibringen.

Während ich selbst längere Zeit überschuldet war, habe ich mir mehr und mehr Gedanken gemacht und irgendwann hat mich Geld 12 - 16 Stunden lang am Tag beschäftigt. Diese Tatsache hat mich fast den Verstand gekostet. Überall fehlte mir Geld: für die Miete, für die Versicherungen und an Freizeitgestaltung war gar nicht erst zu denken. Es herrschte Mangel in jedem Lebensbereich. Ich hatte zwischendurch richtige Krämpfe im Bauch, wenn ich zum Briefkasten gelaufen bin und schon durch das kleine Fenster sehen konnte, wie sich die Rechnungen und Mahnungen gestapelt haben.

Zum Glück habe ich durch Disziplin und lange Arbeit einen "Turnaround" geschafft und bin nun endlich schuldenfrei. Mittlerweile verdiene ich sogar an Schulden Geld, aber dazu später mehr. Grundsätzlich gibt es nämlich einen großen Unterschied zwischen Vermögen und Schulden, wenn man es genau nimmt sogar 2 große Unterschiede:

1. Das Vermögen wächst mit der Zeit an Wert. Schulden wachsen mit der Zeit auch, aber leider nicht an Wert. Der Schuldenberg wird lediglich größer.
2. Vermögenswerte bringen Erträge, die ich für Miete, Kino oder Freundin ausgeben kann. Schulden verbrauchen dagegen Erträge, also kein Kino und häufig auch keine Freundin.

In diesem Buch möchten wir dir eine Möglichkeit vorstellen, wie du in Eigenregie Vermögen mit einer (noch) alternativen Anlageklasse aufbauen kannst. Genauer gesagt, dadurch, dass du in die Kredite anderer Menschen investierst und so von den laufenden Zinserträgen profitierst. Genau wie eine Bank.

Kolja Barghoorn
Cas Catala – Mallorca im Juni 2015

VORWORT LARS WROBBEL

Seit ich damit begonnen habe, in Privatkredite im Internet zu investieren, musste ich mir selbst viele Fragen beantworten, um erfolgreich ein stabiles Portfolio aufzubauen. Wie funktioniert eigentlich das Konzept genau dahinter? Welcher Anbieter ist der beste? Wie baue ich mein Portfolio sicher auf und wie sieht das Ganze eigentlich steuerlich aus? Dies sind nur einige der Fragestellungen, die mir als Privatinvestor auf diesen Plattformen wichtig sind und die du dir zwangsläufig ebenfalls stellen musst, wenn du hier sicher und erfolgreich investieren willst, ohne über längere Zeit einen negativen Erwartungswert zu haben.

Kolja und ich möchten dir die Grundlagen vermitteln, Tipps für deinen Erfolg geben und dir zeigen, wie du die gröbsten Fehler vermeiden kannst, damit du das Lehrgeld sparst, welches zweifellos genug Anfänger im Bereich der privat finanzierten Kredite im Internet bitter bezahlen.

Eine bekannte Redensart, die ich selbst gern verwende, lautet: "Ein Cent gespart, ist ein Cent verdient". Genau aus dem Grund sind gute Informationsprodukte in jeglichem Investmentbereich und auch darüber hinaus Gold wert. Einige wenige vermitteln das zum Teil hart erlernte Wissen, um viele dabei zu unterstützen, dieses schneller, effizienter und kostensparender aufzubauen. Konzepte und Ideen, die marktfähig geworden sind und von jedem genutzt werden können, werden auf diese Art und Weise transparenter, verständlicher und einfacher nutzbar. Jeder von uns sollte sich, gerade wenn es um die Finanzen geht, sicher in dem fühlen, was er tut und auch die Produkte verstehen, die er nutzt.

"Es gibt tausende Möglichkeiten, sein Geld auszugeben, aber nur zwei, es zu erwerben: Entweder wir arbeiten für Geld oder das Geld arbeitet für uns."
- Bernhard Baruch -

In diesem Sinne wünsche ich dir viel Spaß bei der Lektüre unseres Ratgebers. Nutze die darin zu findenden Informationen, um letztendlich Zeit und Geld zu sparen, erfolgreicher zu werden und Fehler zu vermeiden.

Lars Wrobbel
Gütersloh – Deutschland im Februar 2015

1. WAS STECKT HINTER P2P-KREDITEN?

P2P ist die englische Abkürzung für "peer to peer", "person to person" oder auf Deutsch "Mensch zu Mensch" und bedeutet im Fall der Kreditfinanzierung, dass die eine Person Geld investiert und die andere dieses empfängt und mit Zinsen bezahlt. In diesem Buch geht es ausschließlich um die Kreditvergabe von Privatperson an Privatperson aus Anlegersicht. Bei P2P-Krediten vermittelt nicht die Bank den Kredit, sondern es gibt einen Vermittler zwischen den beiden Parteien: Gläubiger und Schuldner. Diese Vermittler sind z. B. die derzeit im Internet beworbenen Plattformen Auxmoney.com, Lendico.com, Smava.com, Bondora.com, Zopa.com und viele andere. Sowohl national als auch international wird das Angebot fast täglich größer und umfangreicher. Der Markt wächst also seit Jahren rapide:

Jahr	**Vermittlungsvolumen**
2005	118.000.000 $
2006	269.000.000 $
2007	647.000.000 $
2012	1.500.000.000 $

Tabelle 1: Vermittlungsvolumen

Möglich gemacht hat es das Internet, und die erste P2P-Plattform war das englische Unternehmen Zopa, welches 2005 gegründet wurde, heute noch existiert und zum Zeitpunkt der Erstellung dieses Buches mit bereits ca. 751.000.000 Pfund Vermittlungsvolumen und 200.000 Mitgliedern die größte aller europäischen Plattformen ist.[1] Wenngleich sich das Geschäftsgebiet anfangs nur auf Großbritannien beschränkte, expandiert Zopa seit 2007 auch nach Italien, in die USA und nach Japan. Hierzulande ist derzeit Auxmoney.com die größte P2P-Plattform mit einem zum Redaktionsschluss vermittelten Kreditvolumen von ca. 171.000.000 Euro.[2]

Die P2P-Plattformen stellen eine Art "Marktplatz" zur Verfügung, wo sich private Kreditgeber und Kreditnehmer gegenseitig finden und voneinander profitieren können. Jeder Anbieter hat hier seine Besonderheiten, sowie Vorteile und Nachteile (von denen wir einige im Verlauf des Buches näher beleuchten werden), aber das Grundprinzip basiert immer auf dem angebotenen Markplatz-System. Hierbei kann der Kreditgeber sich seine Angebote bei den meisten P2P-Vermittlern selbst heraussuchen, wenn er möchte und hat somit auch die Möglichkeit, eine soziale Komponente mit einfließen zu lassen, indem er z. B. nur Projekte unterstützt, die seinen Vorzügen oder persönlichen Wertvorstellungen entsprechen. Dies ist eine Sichtweise, welche bei der Kreditvergabe durch eine reguläre Bank vollständig verloren gegangen ist. Dort haben wir absolut keine Kontrolle über unser angelegtes Geld und eine andere Partei entscheidet über die Vergabe.

Allerdings ist das ganze Konzept nicht ganz "bankenfrei", da die Vermittlung von Privatkrediten §32 KWG[3] unterliegt und somit große P2P-Plattformen wie Auxmoney.com und Smava.com Banken in den Kreditvermittlungsprozess im Hintergrund eingebunden haben. Diese Banken sind (wenn man es genau

[1] Eigene Angaben Zopa Limited (www.zopa.com)

[2] Eigene Angaben Auxmoney GmbH (www.auxmoney.com)

[3] §32 KWG: Wer im Inland gewerbsmäßig oder in einem Umfang, der einen in kaufmännischer Weise eingerichteten Geschäftsbetrieb erfordert, Bankgeschäfte betreiben oder Finanzdienstleistungen erbringen will, bedarf der schriftlichen Erlaubnis der Aufsichtsbehörde.

nimmt) die Parteien in dem gesamten Prozess, welche letztendlich die Kredite auszahlen und somit als Vertragspartner zwischen Schuldner und Gläubiger hinter den Vermittlungsplattformen fungieren.

Was ist nun so interessant an P2P-Krediten und warum solltest du Menschen, die du nicht kennst und denen du pauschal nicht vertraust, dein sauer verdientes Geld überlassen? Um diese Frage zu beantworten, ist es sinnvoll, sich einen Überblick über unser gesamtes Investment zu verschaffen und uns die goldene Regel der Kapitalanlage auf den Schirm zu holen, die da lautet:

"Nicht alle Eier in einen Korb legen"

Denn das Risiko deiner Investments breit zu streuen, schützt dich gegen Totalverlust und sorgt nebenbei für ruhigeren Schlaf. Aber jeder muss sich die Frage stellen: "Wie breit ist breit genug?" und "Inwieweit korrelieren meine Investments miteinander?". Niemand hat etwas davon, wenn alle Positionen im persönlichen Portfolio aufgrund der gleichen negativen Ursache in den Keller gehen. Jede Anlageklasse reagiert anders auf die Entwicklungen am Finanzmarkt und genau aus diesem Grund sind Privatkredite eine interessante Alternative zu den klassischen Anlagen wie Aktien, Staatsanleihen etc. Wer breiter investiert, kann den Absturz einzelner Anlageklassen, die dann nicht mehr so viel Gewicht haben, besser abfedern. Wir werden nochmal in einem späteren Kapitel auf die spezifische Korrelation von Anlageklassen untereinander eingehen.

Darüber hinaus bietet eine Investition im Rahmen der P2P-Privatkredite nach Abzug von Steuern eine durchaus lohnende Rendite, hinter welcher klassische Anlageformen mitunter stark im Schatten stehen können. Über die Höhe der letztendlichen Rendite kann man allerdings keine pauschale Aussage treffen, denn diese hängt maßgeblich von jedem Anleger selbst ab und zwar hauptsächlich von den Faktoren:

1. Risikobereitschaft
2. Anbieterauswahl
3. Kreditauswahl
4. Erfahrung

Wie man hier sieht, ist jeder Anleger selbst seines Schicksals Schmied. Jede Minute, jeder einzelne Erfahrungswert, der gesammelt wird, und jede neue Information über P2P wird letztendlich deine Gesamtperformance beeinflussen.

Natürlich kann auch der soziale Aspekt für viele Anleger eine nicht zu vernachlässigende Rolle spielen, da man (wie weiter oben bereits erwähnt) gezielt Kreditprojekte auswählen kann, die man unterstützt oder halt auch nicht unterstützt. In unserem Finanzwirrwarr der heutigen Zeit wird jeder einsehen, dass diese Komponente oft unbeachtet bleibt, und mit der Finanzierung von Privatkrediten kannst du somit beide Bedürfnisse abdecken: Menschen in ihren jeweiligen Projekten unterstützen und eine gute Rendite erzielen. Wie viele andere Anlageformen haben so offensichtlich diese Fähigkeit?

Wir hoffen, dass die kommenden Seiten ein guter Leitfaden sein werden, damit du als Privatanleger, welcher sich für die Investition in Privatkredite entscheidet, entsprechendes Wissen aufbauen kannst, um letztendlich eine gute Performance auf dem Markt zu erzielen und einen weiteren erfolgreichen Baustein zu deinem persönlichen Portfolio (wie auch immer es aussehen mag) hinzufügen kannst.

2. WOHER KOMMT P2P UND IST ES WIRKLICH SO NEU?

Wie bereits im ersten Kapitel erwähnt, stammt die Idee der P2P-Kredite ursprünglich aus England. Nachdem das Unternehmen Zopa.com 2005 als erste Plattform auf den Markt kam, folgten 2006 bereits mit den amerikanischen Unternehmen Prosper.com und LendingClub.com (dem aktuell größten Unternehmen dieser Art) weitere Marktplätze. Mittlerweile ist die P2P-Idee schon langsam aus den Kinderschuhen rausgewachsen und in vielen Ländern wie China, Schweden und sogar Saudi-Arabien etc. etabliert.

Innovativ ist die Idee allemal, aber keinesfalls neu, und natürlich ist es prinzipiell nichts Weltbewegendes, einem Freund oder einem Geschäftspartner mit ein bisschen Geld unter die Arme zu greifen. Einige Quellen datieren die Ursprünge von "Social Lending" alias P2P bis 300 v. Chr., andere beziffern die Anfänge auf ca. 1650 n. Chr. Hier teilen sich die Meinungen und letztlich werden wir es wohl niemals erfahren. Fakt ist jedoch: Seit der Verbreitung des

Internets und den Möglichkeiten des Web 2.0[4] flammt eine altbekannte Idee in innovativer Form wieder auf. Jeder hat schon mal Geld verliehen oder selbst geliehen, aber sicher nicht unbedingt auf diese Art und Weise. Was aber P2P vom klassischen Privatkredit unterscheidet, sind 4 zentrale Elemente:

1. Die bewusste Leihgabe von Geldmitteln an unbekannte Personen über eine Kreditplattform im Internet mit dem Ziel Rendite zu erwirtschaften. Damit einhergehend ist auch das bewusst in Kauf genommene Risiko.
2. Die Möglichkeit für Kreditnehmer, Geld auch ohne einen klassischen Kredit bei einer Bank zu erhalten, nämlich durch das "Crowdfunding[5]". In diesem Fall durch die Anleger, welche die einzelnen Kreditangebote finanzieren. Dies bietet in Zeiten der "New Economy[6]" nicht nur neue Geschäftsmöglichkeiten für Investoren und Unternehmen, sondern auch Alternativmodelle zur klassischen Bank und eine weitere Möglichkeit, das Internet mit seinen vielen Möglichkeiten zu nutzen.
3. Die Betrachtung eines Kredits von Privatpersonen als Geldanlage, die auf mehrere Kredite gestreut werden kann. Ein Kredit kann durch viele Anleger zustande kommen und ein Anleger kann in viele Kredite investieren.
4. Die zentrale Schnittstelle über einen Marktplatz, auf dem jeder Anleger auswählen kann, in welche Kredite er investieren möchte oder sogar die Möglichkeit hat, dies mit Hilfe bestimmter Techniken automatisiert zu tun.

---

[4] Der Begriff Web 2.0 bezieht sich neben spezifischen Technologien oder Innovationen wie Cloud-Computing primär auf eine veränderte Nutzung und Wahrnehmung des Internets. Benutzer gestalten Inhalte und Techniken aktiv mit, unterstützt durch innovative Anwendungen.

[5] Crowdfunding (crowd = Menschenmenge, funding = Finanzierung) ist eine Art der Finanzierung. Kapitalgeber sind eine Vielzahl von Personen – in aller Regel bestehend aus Internetnutzern, da zum Crowdfunding meist im World Wide Web aufgerufen wird.

[6] Der Begriff New Economy (neue Ökonomie) bezeichnet den Umstieg der Wirtschaftsausrichtung von Warenproduktion auf Dienstleistungen, insbesondere webbasierte Dienste.

Die P2P-Plattformen fungieren also als "Market-Maker[7]", welche ähnlich wie bei Börsen und Autohändlern dafür sorgen, dass Angebot und Nachfrage zustande kommen. Natürlich wollen die Plattformen einen Teil des Kuchens für sich selbst haben, aber dazu später mehr.

Es ist also nicht der Kredit als solcher, der hier neu erfunden wurde, sondern es ist die Finanzierung und die Umsetzung, die das innovative Konzept ausmacht. Es wurden wie schon so oft in der Geschichte bestehende Dinge durch neue Ideen verbessert und vereinfacht. Und mittlerweile investieren sogar die Banken selbst in P2P-Unternehmen. Morgan Stanley mittlerweile über 100 Millionen Dollar.[8]

---

[7] zu Deutsch „Marktpfleger" oder auch „Marktmacher" wird ein Börsenmakler bezeichnet, der die Marktliquidität von Wertpapieren sichert und temporäre Ungleichgewichte zwischen Angebot und Nachfrage in weniger liquiden Werten ausgleicht.

[8] Artikel aus der Financial Times vom Oktober 2013 (http://goo.gl/6ajJTf)

3. WIE FUNKTIONIERT P2P IM DETAIL?

Um diese Frage zu beantworten, müssen wir uns das P2P-Konzept etwas näher anschauen und versuchen, die Idee dahinter zu verstehen. Wir alle kennen das klassische Verfahren von Banken bei der Kreditvergabe mehr oder weniger:

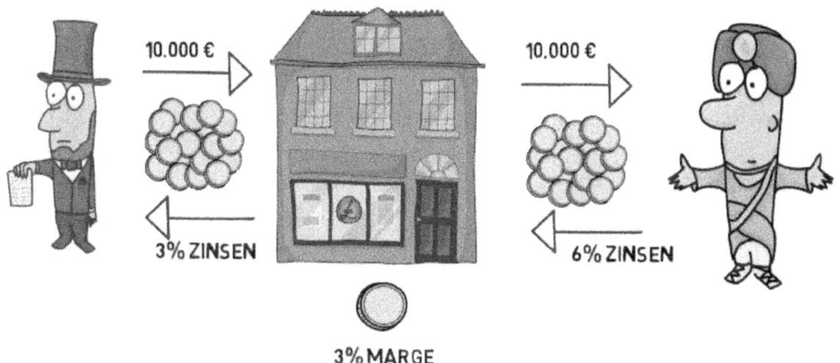

Abbildung 1: Kreditverfahren Banken

Auf der einen Seite stehen die Kreditgeber, die ihr Geld zur Bank auf ihr Sparbuch bringen und dafür einen bestimmte Rendite bekommen. Also im Kontext eigentlich die Sparer, denn sie sind ja nicht bewusst Kreditgeber. Auf der anderen Seite haben wir die Kreditnehmer, die Geld benötigen und dieses gegen Zinszahlung von der Bank bekommen, sofern die Bonität des Kreditnehmers eine Kreditauszahlung zulässt. Die Bank zahlt nun dem Kreditgeber weniger Rendite, als sie vom Kreditnehmer bekommt. Dies nennt sich “Marge” und ist quasi der Gewinn der Bank an dieser simplen beispielhaften Transaktion. Sowohl Kreditnehmer als auch Kreditgeber haben hier keinen wirklichen Einfluss auf die Höhe der Zinsen. Der P2P-Markt funktioniert ein wenig anders:

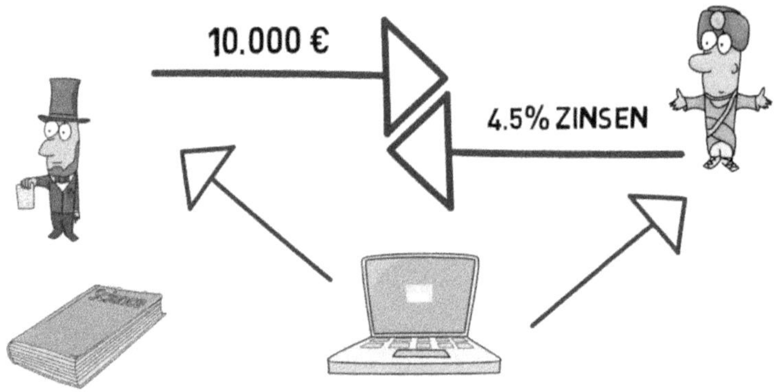

Abbildung 2: Kreditverfahren P2P

Auch hier haben wir wieder einen Kreditnehmer und einen Kreditgeber. Im Unterschied zur Bank weiß der Kreditgeber aber bewusst, dass er ein Kreditgeber ist und es gibt in der Regel auf einen Kredit mehrere Kreditgeber. Der Kreditgeber leiht direkt dem Kreditnehmer Geld. Daher auch der Name P2P oder wie in Kapitel 1 erwähnt “Mensch zu Mensch”. Auch hier zahlt der Kreditnehmer entsprechende Zinsen. Jedoch fehlt die Bank vordergründig als vermittelnde und kontrollierende Stelle. Anstelle der klassischen Bank tritt nun ein so genannter P2P-Vermittler (Auxmoney.com, Bondora.com, Lendico.com etc.). Dieser hat einzig und allein die Aufgabe, beide Parteien (Kreditnehmer und Kreditgeber) zusammenzubringen. Für diese Leistung behält sich der Vermittler in vielen Fällen eine gewisse Provision ein.

Beim Investment in P2P-Kredite investierst du also **bewusst** dein Geld in Kreditanfragen von dir unbekannten Menschen. Der Kreditnehmer zahlt dir nach einem vom P2P-Vermittler aufgrund von beeinflussenden Faktoren wie Bonität, Sicherheiten etc.

festgelegten Zinssatz und Tilgungsplan dein Geld monatlich zurück. Für die Teilnahme an diesem Investment musst du mindestens 18 Jahre alt sein und dich kostenlos bei einem der P2P-Vermittler registrieren.

Hinter diesen P2P-Vermittlern stehen in Deutschland aufgrund von Gesetzesvorgaben aber dennoch Banken, da Kreditvergaben aufgrund behördlicher Erlasse nur durch Banken erteilt werden dürfen (siehe Kapitel 1). P2P-Vermittler stellen also nur den Kontakt zwischen Kreditgeber und Kreditnehmer über einen Markplatz her und sammeln danach das Geld ein. Ist ein Kredit finanziert, geht das Geld an die Bank und diese zahlt den Kredit an den Kreditnehmer aus. Kreditangebote, die nach einer bestimmten Zeit nicht finanziert wurden, werden zurückgezogen.

4. WIE INVESTIERT MAN UND WER LEIHT SICH DAS GELD WOFÜR?

Du weißt nun wie P2P in der Theorie funktioniert, woher es kommt und wer das Geld letztendlich verleiht. Jetzt wird es langsam spannend und du wirst lernen, wie du online Geld investierst, wer sich das Geld eigentlich leiht (und wofür) und wo Investoren sich am liebsten herumtreiben, um ihre (hoffentlich) positive Rendite einzufahren. Der Start deiner Investorenkarriere am P2P-Markt ist denkbar einfach und bei fast alle Anbietern in seinen wesentlichen Merkmalen gleich. Du registrierst ein Konto auf deinen Namen, hinterlegst Adresse und meist auch das Bankkonto und kannst in der Regel sofort mit der Platzierung deiner Investments starten. Der Registrierungsprozess ist bei allen von uns vorgestellten Anbietern gut erkenntlich und einfach nachzuvollziehen. Auf die anderen Besonderheiten der von uns vorgestellten Anbieter kommen wir in den folgenden Kapiteln zu sprechen. Hier erstmal eine kleine Übersicht, wofür sich die Menschen eigentlich im Internet Geld leihen:

Darlehenszweck	Prozentualer Anteil
Sonstiges	25,7%
Renovierung	23,9%
Darlehenskonsolidierung	22,0%
Transport	8,8%
Reisen	4,9%
Gewerbe	4,5%
Gesundheit	3,9%
Ausbildung	3,5%
Immobilien	2,5%

Tabelle 2: Darlehenszweck[9]

Aber wer leiht sich nun eigentlich das Geld? Was sind es für Menschen? Diese Frage in ihrer letzten Instanz zu klären, ist an dieser Stelle schlichtweg nicht möglich, da wir nicht in die Köpfe der Menschen schauen können. Aber es herrscht im Bereich der P2P-Kredite die hartnäckige Meinung, wonach sich dort nur Menschen Geld leihen würden, welche bei ihrer Bank aufgrund schlechter Bonität keinen Kredit mehr bekommen würden. Nun, wenn das so wäre, so wären sämtliche Plattformen für jede Art von Investor uninteressant. Bonität hat ihren Sinn und Zweck und wenn nur nicht-kreditwürdige Menschen sich im Internet Geld leihen würden, wäre keine positive Rendite für den Investor möglich, was aber nachweislich nicht der Wahrheit entspricht. Wir schlagen jedoch vor, dass du dir als angehender Investor auf dem P2P-Markt dein eigenes Bild machst. Auf diese Art und Weise kann man häufig aufkommende Meinungen am besten bestätigen oder entkräften.

Wir persönlich glauben vielmehr, dass immer mehr Menschen die Einfachheit und Geschwindigkeit von Geschäften im Internet und die Vorzüge des Web 2.0 entdecken. Eine weitere Stufe des

---

[9] Die Grafik basiert auf einer Statistik des P2P-Vermittlers Bondora.com und ist auf dem Stand des Redaktionsschlusses dieses Buches.

Online-Bankings, wenn man so will. Wenn ich zu einer Bank gehe und einen Kredit möchte, dauert es im Vergleich sehr viel länger, als wenn ich einfach entsprechende Daten im Internet eingebe und auf "Kreditgesuch stellen" klicke. Wenn der Kreditnehmer dann auch noch eine hervorragende Bonität hat, kann er davon ausgehen, dass sein Kreditprojekt innerhalb von Sekunden vollfinanziert ist und dies ohne Beratungsgespräche bei Banken etc. Natürlich steckt (wie schon zuvor beschrieben) auch hier prinzipiell eine ganz normale Bank dahinter. Allerdings verläuft der gesamte Prozess durch die Vermittlungsplattform dazwischen fast automatisch.

Bevor wir nun auf die von uns favorisierten Anbieter eingehen, wollen wir die Frage klären, worauf du generell bei der Anbieterwahl achten solltest bzw. worauf du überhaupt achten kannst. Alle Anbieter haben logischerweise eine Website, aber jeder Anbieter lässt mehr oder weniger Details offensichtlich erkennen oder hat den einen oder anderen Vor- bzw. Nachteil gegenüber einem anderen Anbieter. Das erste und wichtigste Kriterium für einen klugen Investor sollte allerdings generell die Sicherheit seines Geldes sein. Wir kommen hierbei nicht umhin, uns über das Unternehmen, bei dem wir investieren, zu informieren. Hierzu solltest du natürlich nicht nur die Website des Unternehmens nutzen, sondern dich auch auf anderen einschlägigen Plattformen umschauen. Dazu gehören Finanznews, Foren, Blogs, unabhängige Tests etc. Schreib dir alles raus, was du findest und versuche, diese Informationen sinnvoll einzuordnen. Um dir eine grobe Richtlinie zu geben, was du herausfinden kannst und auch solltest, haben wir dir einige geeignete Kriterien vorgegeben, auf die du in unseren Augen auf jeden Fall achten und die du recherchieren solltest. Welche das sind, siehst du in der folgenden Auflistung:

- Wo wird dein Geld gelagert? (welche Bank steckt dahinter?)
- Wie hoch ist die Sicherungsgrenze für dein Kapital? (Sofern es eine gibt)
- Wie geht es dem Unternehmen? (aktuelle Nachrichten recherchieren)
- Ist es ein neues Unternehmen oder ist es schon jahrelang am Markt? (hier sind Anbieter zu bevorzugen, die schon länger am Markt sind oder Anbieter mit innovativen Techniken zur

Renditeverbesserung)

- Was bietet das Unternehmen den Investoren für Sicherheiten? (müssen die Kreditnehmer eventuell Sachanlagen oder ähnliches für den Fall eines Kreditausfalls hinterlegen?)
- Wie verhält sich die Vermittlungsplattform bei Kreditausfällen und was tut sie dagegen (jedes seriöse Unternehmen sollte ein Mahn- und Inkassoverfahren haben und dies auch für den Investor transparent machen)
- Hat die P2P-Vermittlungsplattform ein Bonitätssystem? Wenn ja, ist dies transparent und verständlich?
- Wie transparent muss der Kreditnehmer sein und bekommt man genug seriöse Informationen über sein Kreditverhalten und das zu finanzierende Projekt?
- Hat die Vermittlungsplattform eine Supportmöglichkeit?
- Gibt es eine Möglichkeit, die Kreditnehmer zu kontaktieren?
- Hat die Plattform spezielle Foren oder Gruppen zum Austausch der Investoren untereinander? (dies kann dir manchmal Informationen über Kreditgesuche geben, die du aufgrund deiner Erfahrung zu Anfang vielleicht nicht siehst)
- Wie hoch ist das durchschnittliche Zinsniveau der Plattform?

Wie immer musst du für dich selbst entscheiden, wie viele Kriterien du erfüllt haben möchtest und welches Risiko du einzugehen bereit bist. Der Grundsatz sollte aber immer lauten:

"Je mehr Informationen vorhanden sind und je transparenter und verständlicher diese dargestellt sind, desto besser."

In den folgenden Kapiteln werden wir drei recht bekannte, aber sehr unterschiedliche Anbieter auf Basis einiger dieser Kriterien hin untersuchen und dir die Vor- und Nachteile zeigen. Wenn du also schnell beginnen und nicht großartig recherchieren willst, werden diese Kapitel sehr interessant für dich sein, da du über diese drei Anbieter viel lernen wirst. Wir investieren bei allen Anbietern und haben daher die Erfahrung, um dir ein hoffentlich hilfreiches Bild zu vermitteln.

Natürlich kann sich das Bild innerhalb der nächsten Monate und Jahre ändern, von daher heißt es: Wachsam bleiben und immer wieder den Markt auf neue Anbieter prüfen und vielleicht bei dem einen oder anderen testweise etwas Geld investieren. Du wirst mit einem echten Investment als Test immer deutlich mehr Erfahrungen sammeln können, als wenn du dich auf äußere Faktoren und Angaben aus dem Internet verlässt. Probieren geht über Studieren. Dieser Grundsatz gilt auch hier. Und schon Aristoteles sagte:

"Man muss der Beobachtung mehr Glauben schenken als der Theorie und der Theorie nur dann, wenn sie zum gleichen Ergebnis führt wie die Erscheinung selbst."

5. AUXMONEY.COM

Allgemeines

Auxmoney.com ist einer der größten P2P-Kreditvermittler in Deutschland, wurde 2006 gegründet und ist auch die erste Plattform, auf der wir Erfahrungen gesammelt haben. Sie richtet ihr Angebot bisher nur an Verbraucher. Zum Redaktionsschluss dieses Buches hat Auxmoney.com laut eigenen Angaben ca. 171.000.000 Euro pro Jahr an Krediten vermittelt. Auxmoney.com ist denkbar einfach zu bedienen, nach kurzer Registrierung als Investor hat man schon Zugriff auf den Marktplatz und kann sofort damit beginnen, sich Kredite anzuschauen. Eine Investition ist seit neuestem allerdings erst nach Eröffnung eines Anlagekontos bei der Partnerbank „biw“ möglich. Dazu mehr im nächsten Abschnitt. Da Auxmoney.com den Investitionsbetrag erst ca. 1 Woche nach Abschluss des Kredits verlangt, ist prinzipiell kein vorher zur Verfügung gestelltes Kapital erforderlich. Die durchschnittliche Rendite bei Auxmoney.com liegt laut eigenen Angaben bei 6,7%, die Mindestanlage bei 25 Euro. Auxmoney.com erhebt eine einmalige Gebühr in Höhe von 1% auf den berechneten Gesamtertrag einer Investition, welcher bei der ersten Überweisung einer Kreditrate direkt einbehalten wird.

Sicherheit

Hinter Auxmoney.com steht die Bank “biw” (Bank für

Investments und Wertpapiere)[10] mit Sitz in Willich, bei welcher man als Auxmoney.com-Investor seit Mai 2015 zwingend ein Anlagekonto eröffnen muss, um Investitionen tätigen zu können. Hiermit eröffnet sich auch automatisch die Nutzung des Portfolio-Builders oder der noch recht neuen Re-Invest Funktion. Die biw-Bank ist dem Einlagensicherungsfonds des Bundesverbandes deutscher Banken (eingetragener Verein) angeschlossen.[11] Der Einlagensicherungsfonds sichert alle Verbindlichkeiten, die in der Bilanzposition „Verbindlichkeiten gegenüber Kunden" auszuweisen sind. Das bedeutet für dich, dass das Geld, welches derzeit noch nicht in einen Kredit investiert ist und auf deinem Anlagekonto liegt, gegen einen Verlust abgesichert ist.

Da Auxmoney.com schon ein recht "altes" Unternehmen in der P2P-Branche ist, hat es auch schon einen entsprechenden Ruf in der Öffentlichkeit, ist bekanntermaßen neben Smava.com der erste Anlaufpunkt für neue Investoren und es ist in unseren Augen eine gute Plattform dafür, da die Bedienung einfach und das Geld sicher ist.

Was die Sicherheit angeht, tut Auxmoney.com sehr viel, um seinen Kunden Ängste zu nehmen. Zum Redaktionsschluss dieses Buches hat Auxmoney.com ein ausgeklügeltes Bonitätssystem, basierend auf der Bewertung von externen Dienstleistern wie Schufa[12] oder Arvato Infoscore[13], welche die Bonität von

---

[10] Weitere Informationen sind auf der Homepage der biw: https://www.biw-bank.de/ zu finden.

[11] Nachweis unter https://www.biw-bank.de/privatkunden/einlagensicherung zu finden.

[12] Die Schufa betreut in Deutschland rund 4.500 Vertragspartner aus sowohl finanznahen (Banken, Versicherungen, Leasinggesellschaften, etc.) als auch finanzfernen Bereichen (u. a. Einzel-, Versandhandel, Telekommunikation)

[13] Die arvato infoscore GmbH ist ein Unternehmen, das Inkassodienstleistungen, Forderungszessionen und die Dienste einer Wirtschaftsauskunftei sowie die eines Direktmarketingunternehmens zusammenführt.

Kreditanfragestellern überprüfen und auf diesen Bereich spezialisiert sind. Aus diesen Bonitäten errechnet Auxmoney.com wiederum seine eigenen Bonitäten und teilt die Kredite in Klassen mit unterschiedlicher Renditeerwartung ein:

Abbildung 3: Auxmoney.com Score

Bekanntermaßen werden aber noch weitere interne Bewertungskriterien genutzt, denn teilweise findet man Kredite mit schlechter Einstufung, obwohl externe Analysen diese als kreditwürdig ausweisen. Der Auxmoney.com-Score ist also eine gute Basis, anhand derer man ein sicher diversifiziertes Portfolio aufbauen kann.

Als weitere Sicherheit können Kreditnehmer bei Auxmoney.com noch ihr Fahrzeug hinterlegen, welches mit einem bestimmten Wert geschätzt ist. Im Falle eines Kreditausfalls wird der Wert des Fahrzeugs dazu verwendet, den Schaden bei den Anlegern zu vermindern.

Wenn Kreditnehmer ihrem Projekt noch mehr Chancen und den Investoren noch mehr Sicherheit geben wollen, haben Sie die Möglichkeit, eine sogenannte Restkreditversicherung (RKV) abzuschließen, welche über die AXA France Vie-IARD im Zuge der Kreditfinanzierung abgewickelt werden kann. Die Restkreditversicherung deckt den Todesfall, die Arbeitsunfähigkeit und die unverschuldete Arbeitslosigkeit unter vorgegebenen Voraussetzungen ab. Wenn ein Kreditnehmer eine RKV abgeschlossen hat, ist dies jedoch aufgrund der gesetzlich vorgegebenen Widerrufsfrist keine Garantie dafür, dass diese auch am Ende der Angebotsfrist noch vorhanden ist.

Kreditausfall

Wenn eine Kreditrate nicht bezahlt wird, schickt Auxmoney.com insgesamt drei Zahlungserinnerungen im Abstand von zwei Wochen. Falls nach wiederholter Mahnung der Zahlungsverpflichtung der Kreditnehmer immer noch nicht den

Fehlbetrag überweist, wird der Kredit gekündigt und die Restschuld aus dem Kreditvertrag fällig gestellt. Der Schuldner hat nun zwei Wochen Zeit, den gesamten ausstehenden Betrag zu begleichen. Geschieht dies nicht, wird die Kreditforderung an das Forderungsmanagement übergeben, welches alle weiteren Schritte einleitet und das gesamte Verfahren überwacht. Durch die Kreditkündigung werden Rechtsräume geschaffen, die es ermöglichen, den ausstehenden Betrag einzufordern. Etwaige Sicherheiten werden dabei ebenfalls berücksichtigt.

Kommunikationsmöglichkeiten

Auxmoney.com hat einen unserer Meinung nach hervorragenden und schnellen Support, der alle Fragen beantwortet. Man kann ebenfalls Kreditnehmer per Mail kontaktieren und auch die Kreditnehmer können dich kontaktieren. Dies ist vor allem bei Nachfragen zu Projekten sehr sinnvoll, um dem Investor mehr Sicherheit und Vertrauen bei der Anlage zu schaffen. Auf der anderen Seite bekommt man allerdings auch oft Anfragen von Kreditnehmern mit sehr schlechter Bonität, welche auf diesem Weg versuchen, dich als Investor für ihr Projekt zu gewinnen. Weiterhin gibt es Investorengruppen, denen man beitreten und sich austauschen kann. Auch hier kann man mitunter wichtige Informationen bekommen, welche dich möglicherweise am Ende vor einem Kreditausfall bewahren. Der Aufwand mal reinzuschauen lohnt sich also in unseren Augen.

Unsere Erfahrungen mit Auxmoney.com

Auxmoney.com ist unserer Meinung nach eine stabile Investitionsplattform im P2P-Kreditbereich und kann mit Stärken wie einfacher Bedienbarkeit, hoher Sicherheit und einer soliden Rendite punkten. Aber es gibt aus Investorensicht auch einige Aspekte, die man sicherlich noch verbessern kann und deswegen ansprechen sollte. Wenn man manuell bei Auxmoney.com investiert, wird einem die sehr hohe Stornoquote auffallen. Teilweise hatten wir Zeiten in denen 50% der in einer Woche investierten Geldeinheiten wieder storniert wurden. Die Gründe bekommt man nicht mitgeteilt, die aufgewendete Zeit für das Kreditinvestment ist verloren. Auch ist es sehr schwer, Kredite mit höchster Bonität manuell zu bekommen, da diese oft schon wenige

Sekunden nach der Gesucheinstellung von Nutzern des automatischen Auxmoney.com Portfolio-Builders finanziert werden. Wohl dem, der ihn nutzt, könnte man sagen. Als manueller Anleger bleibt einem also nur übrig, sofern wenn man gut und sicher investieren will, entweder die ganze Zeit am PC zu sitzen und den Markt zu beobachten, in der Hoffnung einen AAA-Kredit abstauben zu können, oder sich mit dem zufrieden zu geben, was übrig bleibt. Das sind dann meist Kredite mit der Auxmoney.com-Score B und abwärts. Wenn man es sich einfacher machen möchte, kann man den Portfolio-Builder von Auxmoney.com nutzen. Hier genießt man dann alle Vorteile und kommt auch automatisch und schnell an die richtig guten Kredite heran. Aber auch der Portfolio-Builder hat seine Nachteile. Auxmoney.com gibt verschiedene Profile vor, welche man über einen Slider von rendite- nach sicherheitsorientiert regeln kann. Das maximal sicherheitsorientierte automatische Anlegerprofil sieht folgendermaßen aus:

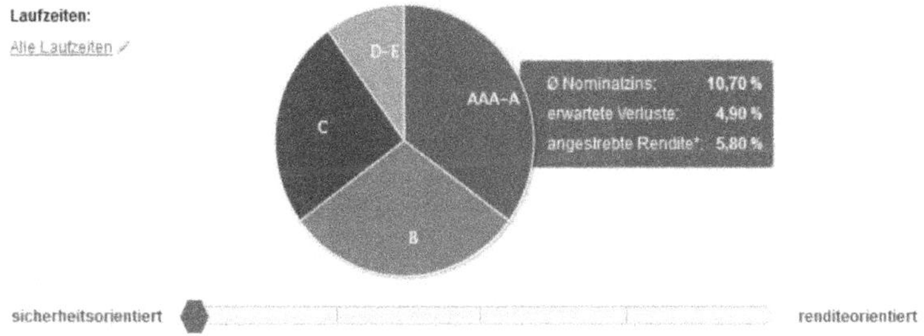

Abbildung 4: Auxmoney.com Portfolio-Builder

Man hat hier einen nicht unerheblichen Teil an Krediten der Auxmoney.com-Klassen C, D und E enthalten, den man unter Umständen als wirklich sicherheitsorientierter Anleger nicht haben möchte. Diesen allerdings aus dem automatischen Portfolio zu entfernen, ist (derzeit) noch nicht möglich.

Ein weiteres Handicap ist der Zwang eines Anlagekontos bei der biw-Bank. Denn nur darüber werden die Zahlungsströme aller persönlichen Investments geleitet. Wer also bei Auxmoney.com investieren will, kommt um ein zusätzliches Bankkonto nicht herum. Ein weiteres Bankkonto heißt Aufwand in Form von:

Dokumente ausfüllen, Freistellungsauftrag hinterlegen und natürlich hat man ein weiteres Bankkonto mit Zugangsdaten und dem ganzen restlichen Kram, den man eigentlich nicht unbedingt möchte. Hier sehen wir Nachbesserungsbedarf und hoffen, dass es Auxmoney.com an dieser Stelle, wie wir es bisher gewohnt sind, dem Investor so einfach und gewinnbringend (in Zeit **und** Geld) wie möglich macht. Wie es auch anders funktionieren kann, sehen wir im nächsten Kapitel, in dem es um die europäische Konkurrenz geht.

Weiterhin sind wir folgender Meinung: Auch wenn Auxmoney.com zweifellos schon viel für Sicherheitsaspekte tut, könnte auch dies noch weiter verbessert werden. Beispielsweise könnten sie ebenso wie einige andere P2P-Kreditvermittler die Einkommensnachweise von potentiellen Kreditnehmern einfordern, um Betrugsfälle zu vermeiden. Wir hatten einige Kredite der Klasse X (Hochrisiko) in kleinem Kreditrahmen, wo niemals auch nur ein Cent zurückgezahlt wurde. Möglicherweise haben diese Kreditnehmer von Anfang an nicht vorgehabt, das Geld zurückzuzahlen und entsprechend Falschangaben gemacht, um an das Geld zu gelangen. So etwas muss man verhindern, um die Investoren zu schützen.

Auxmoney.com ist in unseren Augen ein zukunftsorientiertes Unternehmen, welches noch viele Dinge einführen und verbessern wird, dessen sind wir uns sicher. Beispielsweise ist Auxmoney.com eine der wenigen Plattformen, die eine Anleger-App[14] für das Handy anbietet. Leider ist diese momentan noch den Nutzern von Apple-Mobiltelefonen vorbehalten. Auch hier hoffen wir auf baldige Nachbesserung durch das Auxmoney.com-Team, so dass ein noch größerer Investorenkreis von den Vorzügen der mobilen Anlage- und Informationsmöglichkeiten profitieren kann.

[14] Weitere Informationen sind auf https://www.auxmoney.com.com/infos/app zu finden.

6. BONDORA.COM

Allgemeines

Bondora.com ist ein bekannter estnischer P2P-Anbieter, wurde 2009 gegründet und ist mit einem derzeitigen Monatsvermittlungsvolumen von ca. 2 Millionen Euro der größte in Estland. Auch über die Grenzen Estlands hinaus ist Bondora.com eine bekannte Größe, da hier sehr attraktive Renditen möglich sind und auch Kreditinvestitionen für Investoren außerhalb Estlands angeboten werden. Bondora.com bietet inzwischen Kredite in Estland, Finnland, Spanien und der Slowakei an, ist daher schon ein recht alter Hase im Geschäft und expandiert auch weiterhin über die Grenzen seines Ursprungslandes hinaus. Erst seit 2012 ist es für ausländische Investoren wie uns möglich, bei Bondora.com zu investieren. Die Bondora.com-Website ist standardmäßig in estnischer Sprache, man kann diese aber problemlos auf Deutsch umstellen. Hin und wieder findet man noch den ein oder anderen Rechtschreibfehler, welcher das Verständnis etwas schwierig macht, aber generell stufen wir die Bedienbarkeit als gut ein. Da Bondora.com derzeit expandiert, wird auch die Website momentan in regelmäßigen Abstanden erweitert und verbessert. Bondora.com informiert die Investoren hier regelmäßig über Neuerungen und Verbesserungen per Investoren-Newsletter und wir gehen daher davon aus, dass sich die Qualität der deutschen Sprache mit der Zeit bis auf das Optimum verbessern wird.

Bei Bondora.com läuft der Registrierungsprozess ein bisschen differenzierter ab als bei Auxmoney.com: Hier gilt die Vorkasse. Nach der Registrierung bei Bondora.com muss man über eine angegebene Bankverbindung sein virtuelles Konto per Auslandsüberweisung mit Investitionsmitteln befüllen. Die Identifizierung der Überweisung wird durch eine persönliche Referenz ermöglicht, welche bei der Überweisung angegeben werden muss. Ist das Geld einmal bei Bondora.com angekommen, steht es direkt für Investitionen bereit. Die mit einfachen Mitteln erreichbare Rendite bei Bondora.com ist enorm hoch und die meisten Investoren erwirtschaften laut eigenen Angaben von Bondora.com durchschnittlich zwischen 15 und 25% Rendite. Die Mindestanlage beträgt lediglich 5 Euro, womit es möglich ist, auch mit kleinen Investitionsbeträgen schon sinnvoll zu diversifizieren. Da es bei Bondora.com zwei Marktplätze gibt, hatte Bondora.com auch bis vor kurzem noch zwei unterschiedliche Gebührenmodelle. Auf dem Erstmarkt (vergleichbar mit dem Auxmoney.com-Marktplatz) waren Investments generell gebührenfrei und auf dem Zweitmarkt erhob Bondora.com eine Gebühr von 1,5%. Inzwischen ist aber sowohl der Erst- wie auch der Zweitmarkt kostenlos. Ob und wie lange dies allerdings so bleibt, ist unklar.

Sicherheit

Hinter Bondora.com steht der estnische Zweig der SEB Bank, einer der größten Banken Schwedens, welche die Gelder verwaltet und sich AS SEB Pank[15] nennt. Sie ist Teil der estnischen Einlagensicherung[16], deren Grenze sich bei derzeit 100.000 Euro befindet. Dies könnte eine Erklärung für das relativ hohe Zinsniveau bei Bondora.com sein, da die nicht investierten Einlagen nicht wie in Deutschland "unbegrenzt" gesichert sind.

[15] Weitere Informationen sind unter http://www.seb.ee/eng zu finden.

[16] In Estland unterscheiden sich die Sicherungsgrenzen nach der Art des Vermögens, das geschützt werden soll. Guthaben bei einer Bank (Sicht-, Termin- und Spareinlagen) sind seit dem 1. Januar 2011 zu 100 Prozent bis maximal 100.000 Euro gesichert.

Bondora.com schreibt bestätigend auf der eigenen Website, dass im Falle einer Unternehmensinsolvenz die Konten ausgezahlt werden.[17]

In sicherheitsrelevanten Punkten ist Bondora.com sehr restriktiv, was dem Investor zusätzliches Vertrauen in die Plattform geben sollte. Wer bei Bondora.com einen Kredit beantragt, muss nämlich folgende Dinge nachweisen:

- Der Kreditnehmer muss einer bezahlten Arbeit nachgehen.
- Das Einkommen muss dem Kredit entsprechend sein und alle monatlichen Raten müssen abgedeckt werden können.
- Kreditnehmer dürfen keine negative Bonitätsgeschichte haben (keine Rückstände, Versäumnisse von Zahlungen, Privatinsolvenzen oder laufende Vollstreckungen unter Zwang).
- Während der letzten zwei Jahre dürfen keine gerichtlichen Mahnverfahren stattgefunden haben.
- Antragssteller dürfen nicht straf- oder zivilrechtlich verurteilt sein.

Mit solchen Kriterien nimmt Bondora.com dem Anleger schon einen großen Teil der Unsicherheit und kann so dafür sorgen, dass es nicht von vornherein Kreditnehmer gibt, deren Ziel lediglich darin besteht, von gutgläubigen Investoren Geld abzukassieren.

Auch Bondora.com bietet ein Bonitätssystem ähnlich wie Auxmoney.com an. Zuerst werden durch einen externen Bonitätsdienstleister (Krediidiinfo[18]) die Kreditnehmer in Skalen von 500 - 1000 einsortiert, wobei 500 für "aktive

---

[17] www.bondora.com.ee/de/investieren/investitionshandbuch: In the unlikely situation that isePankur AS goes bankrupt we will pay out the funds held in Bondora.com accounts. The funds in our customer accounts have been acquired by authorisation agreements and do not form part of the assets (incl. assets in bankruptcy) of isePankur AS.

[18] Krediidiinfo ist Teil der Experian-Unternehmensgruppe, welche sich auf Risikomanagement spezialisiert hat.

Zahlungsprobleme bekannt" und 1000 für "keine Zahlungsprobleme bekannt" steht. Danach werden die Kreditnehmer nochmal je nach frei verfügbarem Einkommen in Klassen von A - C eingeteilt, so dass sich Notationen wie A1000 (beste Bonität) und C500 (schlechteste Bonität) ergeben. Nach der letztendlichen Bonität werden von Bondora.com im Vorfeld auch die Maximalhöhe des Kredits, dessen Mindestzinssatz und die Härte der Finanzanalyse (Belege, Kontoauszüge etc.) festgelegt.

Kreditausfall

Falls bei Bondora.com ein Kreditnehmer zahlungsunfähig wird, existiert hier ebenso wie beim deutschen Mitbewerber Auxmoney.com ein standardisierter Mahn- und Inkassoprozess, welcher in den Details allerdings etwas anders aussieht. Sollte am Fälligkeitstag keine Zahlung eingegangen sein, gibt es eine Info per Mail und SMS an den Kunden, dass die ausstehenden Zahlungen nicht bei Bondora.com eingegangen sind. Nach 7 Tagen folgt eine weitere Zahlungsaufforderung per Mail und per SMS. Nach 14 Tagen wird der Kunde zum ersten Mal per Post mit der 1. Mahnung angeschrieben und aufgefordert, seine ausstehenden Zahlungen umgehend zu begleichen. Dieser Prozess erfolgt nun alle 14 Tage erneut, bis der Kunde entweder seine ausstehende Rechnung beglichen hat oder die nächste Stufe des Bondora.com-Inkassoprozesses erreicht ist. Dies ist nach 61 Tagen der Fall und dem Schuldner wird mit rechtlichen Schritten und Zusatzzahlungen gedroht. Hiernach erfolgt die Weitergabe der Kundendetails an eine lokale Inkassogesellschaft und an ein Amtsgericht. Der Gerichtsprozess dauert 2 - 5 Monate, oft länger und ist zusätzlich abhängig von der jeweiligen Region. Jeder einzelne Fall und die Höhe der Rückzahlung ist also sehr individuell zu sehen. Zum Redaktionsschluss dieses Buches lag unsere Quote jener Kreditprojekte, welche über die magische "60-Tage-überfällig-Grenze" getreten waren, bei ca. 2%. Im Abschnitt "Zweitmarkt" (s. u.) wirst du erfahren, dass Bondora.com noch andere Möglichkeiten bietet, mit überfälligen Krediten umzugehen.

Kommunikationsmöglichkeiten

Auch Bondora.com steht in Sachen Support hinter keinem uns bisher bekannten Anbieter zurück. Der Support kann in deutscher

Sprache angeschrieben werden, wir raten jedoch dazu, die englische Sprache zu verwenden, sofern du dieser mächtig bist.

Die Kreditnehmer selbst kann man nicht wie bei Auxmoney.com direkt kontaktieren. Es bestand aber bis vor kurzem auf dem Investitionsmarktplatz (ebenso wie bei Auxmoney.com) die Möglichkeit, allgemeine Fragen zu dem jeweiligen Kreditprojekt zu stellen, welche dann auch alle anderen Investoren sehen konnten. Der Kreditnehmer konnte diese dann beantworten. Nach dem Abschluss des Kreditvertrages bestand diese Möglichkeit allerdings nicht mehr. Leider hat Bondora.com die Nachfrage-Funktion deaktiviert, was, wie wir finden, sehr schade ist, da dem Investor somit ein wenig Transparenz genommen wird.

Weiterhin bietet Bondora.com ebenso ein Forum[19] an, welches allerdings nicht nur für Investoren gilt, sondern ganz allgemein gehalten wird. Leider werden auch keine geschlossenen Investorengruppen angeboten. Das Forum von Bondora.com ist aber sehr umfangreich und hilfreich und es gibt auch Bereiche für "bondora-fremde" Sprachen wie z. B. deutsch.

Zweitmarkt

Der Zweitmarkt ist eine absolute Besonderheit gegenüber den meisten anderen P2P-Vermittlern und du solltest dich damit vertraut machen. Er ist dafür gedacht, Investitionen zu verkaufen, die man selber getätigt hat oder Investitionen zu kaufen, die von anderen getätigt worden sind. Weiterhin kann man, wenn ein Kredit z. B. noch 5 Jahre läuft, die Forderung an einen anderen Investor übertragen. Einige Investoren nutzen diese Gelegenheit, um hiermit schnell ihr Portfolio aufzustocken und "Schnäppchen" zu machen - beispielsweise bei Krediten, welche sich bereits in einer Mahnstufe befinden. Teilweise kann man auf diese Art und Weise günstige Investitionen mit 20 oder 30 Prozent Abschlag

[19] Das Forum von Bondora.com findest du unter https://www.bondora.com.ee/forum/.

erwerben, allerdings nimmt man dadurch auf der anderen Seite natürlich auch ein erhöhtes Ausfallrisiko in Kauf.

Inzwischen kann man sogar Kredite auf dem Zweitmarkt verkaufen, welche schon weit mehr als 60 Tage überfällig sind. Vorher setzte Bondora.com eine strikte Grenze bei 60 Tagen Überfälligkeit. Es hat sich unserer Erfahrung nach als gutes und praktikables Mittel erwiesen, knapp überfällige Kredite am Zweitmarkt zu verkaufen, um dem Risiko eines Totalausfalles zu entgehen und dennoch den Großteil seiner Investition zurück zu bekommen (manchmal sogar mehr als das). Es kann dir allerdings auch passieren, dass dein Kredit von niemandem gekauft wird. In diesem Fall musst du einen entsprechenden Rabatt für den zukünftigen Investor einrichten, was logischerweise für dich einen Verlust bedeutet. Für die Kreditvermittlung nahm Bondora.com anfangs eine Gebühr von 1,5% des Kreditverkaufspreises, welche nun allerdings gestrichen wurde. Als Richtwert für die Einstellung eines erfolgreichen Verkaufsangebotes einer überfälligen Investition, sollten wenn möglich nicht mehr als 40 Tage vergehen. Wir schlagen vor, dieses zwischen Tag 30 und 40 mit einem Abschlag von 20-30% einzustellen, je nachdem wie das Konkurrenzangebot zum jeweiligen Zeitpunkt aussieht, und auch nur dann, wenn du mit einem sicherem Verlust weiterem Risiko entgehen willst.

Natürlich gibt es auch Investoren, die nur den Zweitmarkt nutzen und die auch dafür Strategien und Möglichkeiten entwickelt haben. Dies wiederum bietet sicherlich Stoff für ein zweites Buch und wird daher hier nicht weiter thematisiert.

Unsere Erfahrungen mit Bondora.com

Auch wenn Bondora.com weder ein deutscher Anbieter noch in Deutschland ansässig ist (was die Steuererklärung sicher ein wenig komplizierter macht), so ist es doch für jeden ernsthaften Investor im P2P-Sektor eine hervorragende und renditebringende Plattform, welche du nicht außer Acht lassen solltest.

Einen großen Vorteil sehen wir in der Einfachheit gegenüber Plattformen, welche mit viel manueller Arbeit zu bewirtschaften sind. Durch den Portfolio-Builder haben wir bei Bondora.com nur einen Bruchteil des Zeitaufwandes für ein (in unseren Augen) renditebringendes Investment. Der Portfolio-Builder bei Bondora.com (dort heißt er "Portfolio-Manager") hat kaum Einstellmöglichkeiten und ist daher einfach und schnell konfiguriert. In einer vorherigen Version des Portfolio-Builders waren noch keine Einstellungen zwingend vorgegeben, die man akzeptieren musste, sondern man konnte sich sein Portfolio dem eigenen Risikoprofil entsprechend einstellen.

Abbildung 5: Bondora.com Portfolio-Builder (alt)

Abbildung 6: Bondora.com Portfolio-Builder Details (alt)

Der neue Portfolio-Manager von Bondora.com bietet, wie erwähnt, weit weniger Einstellmöglichkeiten, ist dafür aber umso einfacher zu bedienen:

Abbildung 7: Bondora.com Portfolio-Builder

Du hast nun die Möglichkeit, aus drei vorgeschlagenen

Strategien zu wählen: konservativ, ausbalanciert und progressiv. Je nach Einstellung, wird dein Portfolio-Builder somit eher risikoarm oder risikoreich investieren, was sich natürlich in deiner Renditeerwartung niederschlägt, wie folgende Grafik zeigen soll:

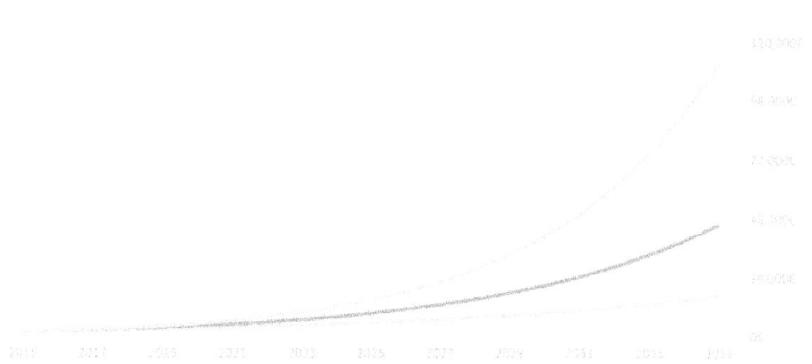

Abbildung 8: Erwartete Rendite Bondora.com Portfolio-Builder

Sofern Geld auf deinem virtuellen Konto verfügbar ist, fängt Bondora.com sofort mit den automatischen Investitionen an, sobald man sich für ein Modell entschieden und dieses aktiviert hat. Eine superschnelle, transparente und einfache Sache.

Weiterhin muss man bei Bondora.com kein Anlagekonto eröffnen, was wir aufgrund des niedrigeren Komplexitätsgrads als großen Vorteil ansehen. Damit jeder Investor die gleichen Chancen hat, gibt es bei Bondora.com ein sogenanntes "Queue-System", welches dafür sorgt, dass die Benutzung des Portfolio-Builders fair abläuft. Im Prinzip reden wir hier von einer Investoren-Warteschlange, bei der jeder irgendwann an der Reihe ist. Beispiel: Investoren A und B haben jeweils einen aktivierten Portfolio-Builder mit gleichen Kriterien aufgesetzt und im Queue-System die Plätze 1 (Investor A) und 2 (Investor B). Wenn nun ein Kredit der besten Bonität eingestellt wird, bekommt Investor A den Zuschlag aufgrund der besseren Platzierung im Queue-System, rutscht danach jedoch auf Platz 2 und Investor B auf Platz 1.

Ein weiteres hilfreiches Werkzeug ist der schon angesprochene Zweitmarkt bei Bondora.com. Aufgrund der Tatsache, dass dieser nun auch nicht mehr gebührenpflichtig ist, eröffnet der sekundäre Marktplatz kostenfrei viele neue Wege, um zu experimentieren und günstig zu investieren. Da der Zweitmarkt nicht bei jedem anderen Anbieter vorhanden ist, ist das in unseren Augen ein enormer Pluspunkt für Bondora.com. Natürlich ist dieser nicht automatisch bedienbar, aber es obliegt jedem selbst, wie viel Aufwand er in den Zweitmarkt stecken möchte, um entweder günstig zu investieren oder Investitionen zu verkaufen, um schnell an liquide Mittel zu kommen oder einem drohenden Inkassoverfahren zu entgehen. In jedem Fall gibt es dir als Investor ein Stück weit mehr Kontrolle über dein Portfolio.

Dies alles rundet Bondora.com mit einem Sicherheitsmodell ab, welches nach individuellen Kriterien, Nachweise des Kreditnehmers einfordert, um deine Investition abzusichern. Auch die Transparenz ist bei Bondora.com gegeben. Wo bei anderen Kreditvermittlern nur ein Pseudonym hinter dem Kredit steckt, so hast du bei Bondora.com nach Kreditabschluss Einsicht in den Vertrag in dem genau steht, mit wem du es zu tun hast. Sicherlich wirst du eine estnische Familie nicht telefonisch beim Abendessen stören, nachdem du die Telefonnummer des säumigen Schuldners herausgefunden hast, dennoch gibt die Transparenz in dieser Sache ein zusätzliches Sicherheitsgefühl.

Weiterhin haben uns die Übersicht und die Reporting-Möglichkeiten des eigenen Portfolios sehr gut gefallen. Du kannst aus einer Unmenge von Möglichkeiten schöpfen, um dich über dein Portfolio detailliert zu informieren: Kommende Einnahmen des aktuellen Monats auf Tagesbasis, prognostizierte Einkünfte in den nächsten Monaten und vieles mehr geben dir den Überblick. Was zu Beginn etwas überladen scheint, entpuppt sich nach einiger Zeit als sinnvolle Ergänzung für jeden Investor:

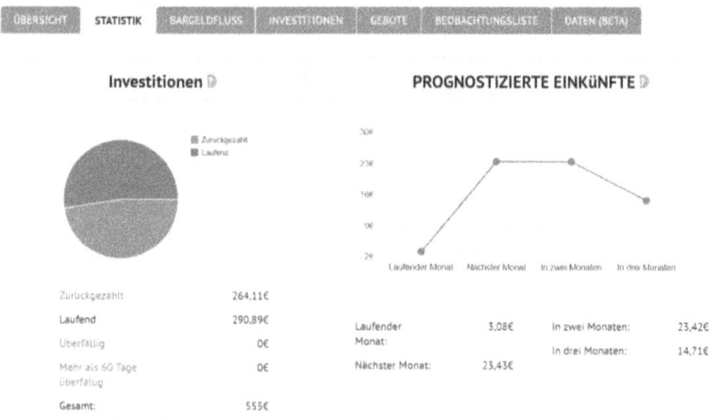

Abbildung 9: Statistik Bondora.com

Man darf dennoch das Risiko nicht außer Acht lassen. Bei Renditen, welche bis 50 Prozent reichen (sofern man in entsprechende Bonitätsklassen investiert), wirst du auch mit an Sicherheit grenzender Wahrscheinlichkeit Investitionen verlieren und das musst du dir bewusst machen. Aber es liegt in deiner Hand, die von Bondora.com zur Verfügung gestellten Werkzeuge klug zu nutzen und das Risiko so gering wie möglich zu halten. Sollte etwas mal nicht so laufen, wie du es möchtest, kannst du immer noch versuchen, eine überfällige Investition über den Zweitmarkt zu verkaufen. Weiterhin wird gemäß unserer Beobachtung noch viel an der Webpräsenz von Bondora.com und auch am Funktionsumfang gearbeitet. Das hier Beschriebene könnte also in einigen Monaten schon wieder hinfällig sein und sich sowohl positiv wie negativ entwickelt haben. Es gilt also: "Augen auf beim Eierkauf!"

7. MINTOS.COM

Allgemeines

Mintos.com ist ein noch sehr junger Anbieter aus Lettland mit Firmenhauptsitz in der Hauptstadt Riga. Gegründet Anfang 2015 können Anleger aus der europäischen Union und auch aus der Schweiz hier ihre Gelder investieren. Kreditnehmer können sowohl Privatpersonen wie auch Unternehmen sein. Mittlerweile vergibt Mintos.com Kredite in 4 verschiedene Länder: Lettland, Estland, Litauen und Georgien. Trotz der Tatsache, dass Mintos.com ein noch recht junges Unternehmen ist, liegt das vermittelte monatliche Kreditvolumen bei Redaktionsschluss des Buches schon bei ca. 1,1 Millionen Euro, Tendenz steigend.

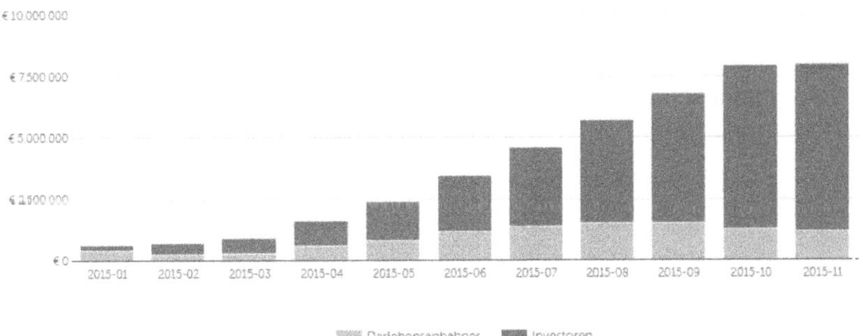

Abbildung 10: Entwicklung Mintos.com

Die Website von Mintos.com ist sehr einfach, bedienungsfreundlich und kann problemlos auf deutsche Sprache umgestellt werden. In unseren Augen hat sich das Mintos-Team hier sehr viel Mühe gegeben, dem Anleger schnelle Wege und einen einfachen Überblick zu ermöglichen. Wir vermuten ebenso wie bei Bondora.com, dass sich an der Website aufgrund des Unternehmensalters noch hin und wieder was tun wird.

Bei Mintos.com läuft der Registrierungsprozess ähnlich einfach ab wie bei Bondora.com und auch hier gilt das Vorkasse-Prinzip inkl. virtuellem Konto. Die Überweisungen gehen per SEPA-Überweisung ins Ausland an die Nordea-Bank.[20] Die durchschnittliche Nettorendite für Investoren liegt laut eigenen Angaben von Mintos.com bei ca. 12,3% zum Redaktionsschluss dieses Buches. Die Kredite setzen sich aus den Typen Hypothekendarlehen, gesicherte Autokredite, Geschäftsdarlehen und Verbraucherkredite (mit 3/4 der größte Anteil) zusammen. Die Kredithöhe liegt im Durchschnitt bei 8.000 Euro und hat Laufzeiten von 3 Monaten bis zu 10 Jahren. Der höchste Kreditbetrag darf maximal 100.000 Euro betragen, der niedrigste 1.000 Euro. Der Mindestanlagebetrag für Investoren bei Mintos.com beträgt 10 Euro.

Mintos.com hat 3 große Besonderheiten, die diese Plattform von den anderen vorgestellten abhebt:

Erstens: Alle Kredite sind bereits durch Mintos.com vorfinanziert. Das bedeutet, dass die Gelder bereits an die Kreditnehmer ausgezahlt wurden, sich in der Rückzahlungsphase

---

[20] Auszug aus Wikipedia: Nordea (Nordic Ideas) ist ein führender Finanzkonzern in Nordeuropa und dem Baltikum. Größte Aktionäre sind der schwedische Staat mit 13,5 %, die Sampo Group mit 21,4 % und der Nordea Fonden mit 3,9 %. Die Bank ist eine der 28 Großbanken, die vom Financial Stability Board (FSB) als „systemically important financial institution“ (systemisch bedeutsames Finanzinstitut) eingestuft wurden. Sie unterliegt damit einer besonderen Überwachung und strengeren Anforderungen an die Ausstattung mit Eigenkapital.

befinden und es keine Vorlaufzeit für Investoren gibt.

Zweitens: Viele Kredite bei Mintos.com sind mit Immobilien besichert. Mintos.com hat eine Partnerfirma (Latio[21]) welche eine Bewertung der Immobilien vornimmt. Der Kreditnehmer darf dann eine Kreditanfrage bis zu maximal 90% der vorherigen Bewertung stellen. Schön ist auch, dass man sich die Immobilienobjekte sogar mit Fotos und Bericht anschauen kann.

Drittens: Mintos.com gibt eine Rückkaufgarantie. Das bedeutet, dass Kredite automatisch nach 60 Tagen Verzug zurückgekauft werden. Dadurch lassen sich Ausfälle vermeiden und die Rendite besser kalkulieren. Allerdings besitzen nicht alle Kredite bei Mintos.com eine Rückkaufgarantie. Nur Kredite mit einer entsprechenden Kennzeichnung haben diese Sicherheit.

Aus der Immobilienbeleihung entsteht auch die wichtigste Kennzahl von Mintos.com, das LTV (Loan-to-Value) oder der Beleihungssatz. Diesen kann der Investor später auch für seinen Portfolio-Builder nutzen. Je geringer der Beleihungssatz ist, desto sicherer ist der Kredit, aber desto geringer ist auch die Rendite. Zum besseren Verständnis hier das offizielle Beispiel von Mintos.com: Du hast eine Kreditsumme von 20.000 EUR. Wird der Kredit mit 12.000 EUR beliehen, wäre das ein LTV von 60%, bei einer Beleihung von 20.000 EUR ein LTV von 100%. Demnach wäre die erste Variante die weniger riskante.

Auch was die Gebührenstruktur angeht, bietet Mintos.com derzeit eine solide Basis für deine Investments über die deutsche Grenze hinaus. Einige Monate nach Eröffnung von Mintos.com wurden die Anlegergebühren (damals 2%) für Investoren gestrichen. Man investiert seitdem also gebührenfrei. Mintos.com fährt hier den gleichen Ansatz wie Bondora.com zu Anfang. Gebühren werden nur noch auf dem Zweitmarkt erhoben, welche dort 1% betragen.

Sicherheit

Laut eigenen Angaben von Mintos.com werden bei einem Insolvenz-Szenario, die Investoren aus der Mintos-Datenbank

[21] Weitere Informationen findest du unter http://latio.lv/en

sämtliche Informationen über alle im Rahmen des Portals durchgeführten Geschäfte erhalten. Ein Liquidator oder Insolvenzverwalter kümmert sich um die Überweisung aller Investitionen sowie um die Darlehensbedienung. Um eine angemessene Durchführung dieser Regelung zu garantieren, hat Mintos.com einen Bürgschaftsvertrag mit der Rechtsfirma FORT[22] abgeschlossen, aufgrund dessen Mintos.com der FORT monatlich die Daten der Webseite an einen Datenspeicher weiterleitet und FORT diese Daten sicher verwahrt.

Als weiteren Sicherheitsaspekt stuft Mintos.com neben dem Beleihungssatz als wichtigster Risikokomponente für Privatpersonen, Kredite von Unternehmen in die Risikokategorien A+ bis E ein. Laut eigenen Angaben basiert die Einstufung in die Risikokategorien auf über 100 Faktoren, wie z.B. der Größe des Unternehmens, deren Umsätze und Wachstum. Zusätzlich dazu können Unternehmer auch "persönliche Garantien" hinterlegen, was nichts anderes bedeutet, als dass ein Unternehmer im Zweifel auch mit seinem Privatvermögen haftet und aus seinen eigenen Mitteln den Kredit bedienen muss.

Kreditausfall

Mintos.com hat ein Darleheneintreibungsverfahren, das durch das interne Schuldeneintreibungsteam gemanagt wird. Sollte ein Darlehen in Verzug geraten, versucht Mintos.com den Kreditnehmer per E-Mail, Telefon oder Post zu erreichen, um den Grund für den Verzug festzustellen. Je nach Situation kann Mintos.com eine Umstrukturierung des Darlehens oder sonstige angemessene Maßnahmen anbieten, deren Zweck es ist, eine weitere Verschlechterung der Darlehenssituation zu vermeiden und somit den Investor vor einem Verlust zu bewahren. Ist der Kreditnehmer mit den Zahlungen für mehr als 60 Tage im Verzug und sind mehrere Versuche, die Situation zu verbessern, erfolglos gewesen, kann Mintos.com eine Zwangsenteignung der Immobilie einleiten.

---

[22] Weitere Informationen zum Unternehmen unter: http://fortlegal.com/

Kommunikationsmöglichkeiten

Mintos.com bietet einen Support via Telefon und E-Mail an. Der E-Mail Support von Mintos.com macht auf uns einen sehr guten und professionellen Eindruck. Unsere Kommunikation fand ausschließlich in englischer Sprache statt und alle Anfragen wurden bisher innerhalb weniger Stunden beantwortet.

Weiterhin betreibt Mintos.com einen webseiteninternen Blog mit den neusten Nachrichten rund um den P2P-Markt, Mintos.com selbst und vielen anderen Themen. Leider ist die Kommentarfunktion ausgeschaltet, so dass man hier nicht in direkten themenrelevanten Dialog mit Mintos.com kommen kann. Auch einen direkten Dialog mit den Kreditnehmern bietet Mintos.com nicht an. Du bekommst also lediglich die Informationen über einen Kredit, die Mintos.com dir zur Verfügung stellt. Unserer Meinung nach, ist dies aber ausreichend.

Zweitmarkt

Genau wie Bondora.com bietet Mintos.com einen Zweit- oder Sekundärmarkt, auf dem laufende bzw. überfällige Kreditprojekte abgestoßen werden können, um einerseits Inkassoverfahren zu entgehen und andererseits schneller an deine Gelder zu kommen, wenn es notwendig sein sollte. Auf der unteren Abbildung siehst du die Hauptansicht des Zweitmarktes, so wie sie auf der Website von Mintos.com dargestellt wird:

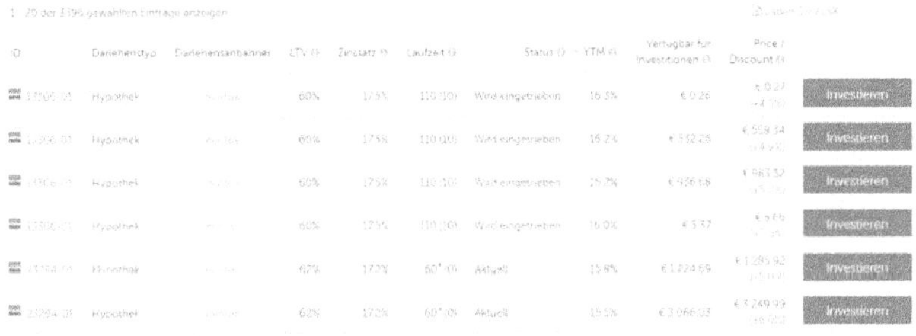

ID	Darlehenstyp	Darlehensanbahner	LTV	Zinssatz	Laufzeit	Status	YTM	Verfügbar für Investitionen	Price / Discount	
[illegible]	Hypothek	[illegible]	60%	17.5%	110 (10)	Wird eingetrieben	16.5%	€ 0.26	€ 0.27 [illegible]	Investieren
[illegible]	Hypothek	[illegible]	60%	17.5%	110 (10)	Wird eingetrieben	16.2%	€ 532.25	€ 558.34 [illegible]	Investieren
[illegible]	Hypothek	[illegible]	60%	17.5%	110 (10)	Wird eingetrieben	[illegible]	€ 936.68	€ 983.32 [illegible]	Investieren
[illegible]	Hypothek	[illegible]	60%	17.5%	110 (10)	Wird eingetrieben	16.0%	€ 5.37	€ 5.65 [illegible]	Investieren
[illegible]	Hypothek	[illegible]	62%	17.2%	60 (0)	Aktuell	15.8%	€ 1.224.69	€ 1.285.92 [illegible]	Investieren
[illegible]	Hypothek	[illegible]	62%	17.2%	60 (0)	Aktuell	15.5%	€ 3.066.03	€ 3.249.99 [illegible]	Investieren

Abbildung 11: Zweitmarkt-Ansicht Mintos.com

Der Zweitmarkt ist auch hier ein ebenso mächtiges Instrument wie bei der Konkurrenz Bondora.com. Aber auch hier gilt die Prämisse, dass du dich damit auseinandersetzen musst, wenn du ihn als sinnvolles Werkzeug in deine Portfolio-Strategie einbauen möchtest, denn ein automatisiertes Investment ist hier nicht möglich. Als erfahrener Investor kannst du hier jedoch in kürzester Zeit enorme Renditen erreichen, die über das normale Investment auf dem Erstmarkt nicht möglich wären.

Auf dem Zweitmarkt verdient auch Mintos.com kräftig mit, denn bei jedem Verkauf kassiert Mintos.com 1% der Verkaufssumme als Gebühr. Kaufst du als Investor dort allerdings Kredite, fallen keine Gebühren an. Du kannst als Investor Kredite sowohl mit Ab- wie auch mit Aufschlag einstellen.

Unsere Erfahrungen mit Mintos.com

Neben Bondora.com haben wir hier also nun den zweiten Anbieter, der nicht aus Deutschland kommt. Unserer Meinung nach lohnt es sich aber, auch hier einen genaueren Blick zu riskieren, denn Mintos.com hat mit seinen besicherten Krediten einen großen Vorteil gegenüber den anderen in diesem Buch vorgestellten Anbietern. Nach der dritten Anbieter-Vorstellung, solltest du auch langsam erkennen, wie individuell die verschiedenen Anbieter sein können und dass man die P2P-Branche nicht allgemein über einen Kamm scheren darf, wie es leider nur allzu oft von Kritikern gemacht wird.

Die Renditen bei Mintos.com sind sehr verlockend und siedeln sich zwischen Auxmoney.com und Bondora.com an. Aber wie wir wissen, kommt die Rendite vom Risiko und dieses besteht hier vor allem in der Tatsache, dass Mintos.com noch ein sehr junges Unternehmen ist und du musst die Entwicklung genau im Auge behalten, um hier langfristig erfolgreich zu sein. Tendenziell gilt diese Empfehlung aber allgemein für alle P2P-Anbieter.

Auch mit der Automatisierung kann Mintos.com punkten. Der Portfolio-Builder (bei Mintos.com heißt er Auto-Invest) ist einfach einzustellen, übernimmt die komplette Arbeit für den Investor und kann sehr leicht und zu jeder Zeit neu justiert werden. Als besondere individuelle Einstellmöglichkeit, kannst du sogar mehrere Portfolio-Builder parallel auf verschiedenen Strategien laufen lassen. Du kannst auf diese Art und Weise also eine weitere Stufe in der persönlichen Portfolio-Diversifizierung vornehmen. Folgende Einstellung des Portfolio-Builders könntest du beispielsweise vornehmen:

Auto-Invest 1: 70% deines verfügbaren Kapitals investierst du sicherheitsorientiert mit durchschnittlichen Zinssätzen und niedrigem Beleihungswert. Zusätzlich dazu investierst du nur in estnische Autokredite.

Auto-Invest 2: 30% deines verfügbaren Kapitals investierst du renditeorientiert mit hohen Zinssätzen und hohem Beleihungswert inklusive Verbraucherkrediten über alle bei Mintos.com möglichen Länder hinweg.

Du siehst, was sich hier für individuelle Möglichkeiten bieten? Du willst noch mehr Einstellmöglichkeiten? Kein Problem für Mintos.com. In der Abbildung unten siehst du weitere Einstellungen, die dir der Mintos.com Portfolio-Builder anbietet. Du kannst dich also richtig austoben, testen und letztlich die perfekte Einstellung für dich und dein Portfolio finden. Nutze diese Möglichkeit auch.

Größe vom Portfolio	€ 1 000.00
Möchten Sie neu investieren?	yes
Include loans already invested in	yes
Maximale Investition in ein Darlehen	€ 10.00
Ausstehende Restschuld	-
Zinssatz	from 8.0% to 15.0%
Verbliebene Darlehenslaufzeit	-
Maximale LTV	to 99.0%
Status	Aktuell
Darlehenstyp	Selected:3/4
Staat	Selected:4/4
Darlehensanbahner	Selected:4/4
Minimale Mittel, die auf dem Konto bleiben müssen	-
Rückkaufgarantie	-

Abbildung 12: Einstellungen Mintos.com Auto-Invest

Die Optionen sehr einfach, aber dennoch granular genug gehalten, um wichtige Selektionen vorzunehmen. Wie du bei der Vorstellung der multiplen Portfolio-Builder schon gesehen hast, ist ein weiterer Unterschied zu den anderen Anbietern, dass man hier sogar auf verschiedene Darlehenstypen selektieren kann. Du hast ein Problem damit, Kredite an Menschen zu vergeben, die mit deinem Geld in Urlaub fliegen? Kein Problem, dann streichst du einfach die Verbraucherkredite aus deinem Portfolio-Management.

Ebenso gefällt uns wie bei Bondora.com der Zweitmarkt auf Mintos.com sehr gut. Es ist einfach klasse, auf der einen Seite die Möglichkeit zu haben, schnell Geld zur Verfügung zu stellen und auf der anderen Seite Schnäppchen zu schlagen. Wenn du es richtig anstellst, kannst du hiermit deinem Portfolio ein paar Prozentpunkte zusätzlicher Rendite verschaffen.

Alles in allem macht dieser noch sehr junge Anbieter auf uns einen tollen Eindruck und wir sind gespannt, wo der Weg hingeht und ob Mintos.com den eingeschlagenen Trend fortsetzen kann. Zum Redaktionsschluss dieses Buches hat Mintos.com Bondora.com in punkto vermitteltem Kreditvolumen schon fast überholt.

8. GRUNDLEGENDES ZUR INVESTITION AUS ERFAHRUNGSWERTEN

Einleitend zu unseren Erfahrungen zu Themengebieten wie Diversifikation, Portfolio-Builder etc., wollten wir es uns nicht nehmen lassen, noch ein paar allgemeine Tipps zu Investments zu geben, welche zwar größtenteils auf P2P-Plattformen zugeschnitten sind, von denen viele aber auch für jegliche andere Investments gelten. Beginnen wollen wir mit einem Zitat von Benjamin Franklin[23]:

"Die menschliche Glückseligkeit wird nicht so sehr durch große glückliche Ereignisse bestimmt, die nur sehr selten vorkommen, sondern durch kleine Vorteile, die ganz alltäglich sind."

In diesem Sinne mach dir folgende zwölf Punkte so oft wie möglich bewusst, um maximale Erkenntnisse und Vorteile daraus zu ziehen:

1. Kein Investment ist sicher! Wenn du denkst, dass du dein Geld zu 100 Prozent sicher in irgendeiner Anlageform investieren

[23] Drucker, Verleger, Schriftsteller, Naturwissenschaftler, Erfinder und Staatsmann (Gründervater der USA).

kannst, empfehlen wir dir grundlegende Literatur zum Thema "Investments".[24] Besonders P2P-Kredite mit enormen Renditespannen können verlustträchtig sein.

2. Deine Investments in einzelne Kredite sollten emotionslos gehalten werden. Vermeide es also, jeden Tag zu schauen, ob Rückzahlungen eingegangen sind.
3. Investiere niemals dein "letztes Hemd". Ca. 25 Prozent deines gesamten Vermögens sollten immer als Barreserven zur Verfügung stehen, damit du erstens: bei sich bietenden Investitionschancen reagieren kannst und zweitens: keine Investitionen verkaufen musst, wenn du privat dringend Geld benötigst (z. B. bei Jobverlust). Dieses Sicherheitspolster kann man natürlich je nach persönlichen Ausgaben variieren, es sollte jedoch niemals weniger als 3 - 6 Netto-Monatsgehälter betragen, bzw. solltest du immer diese Anzahl an Monaten ohne Einkommen überbrücken können, ohne deine Investments verkaufen zu müssen. Im Falle von P2P-Krediten wird der Verkauf sowieso eher schwer werden. Hier bietet sich nur die Möglichkeit an, aktuelle Kredite auslaufen zu lassen oder auf dem Zweitmarkt zu verkaufen, sofern dieser bei deinem P2P-Kreditvermittler vorhanden ist.
4. Halte immer die Augen und Ohren nach neuen Investments oder Verbesserungstechniken offen. Gibt es z. B. neue P2P-Anbieter? Nutzen sie revolutionäre Techniken? Gibt es spezielle Anlagetechniken aus anderen Bereichen, die du auf P2P abbilden kannst?
5. Bilde dir bei deinen Entscheidungen immer eine eigene Meinung und lass dich nicht von anderen Menschen beeinflussen. So trägst du auch selbst die Verantwortung.
6. Diversifiziere deine Kredite auf korrekte Art und Weise, um dein Anlagevermögen vor einem Totalverlust zu bewahren. Wie genau du das machst, lernst du im nächsten Kapitel.
7. Hab Vertrauen in die von dir genutzte Plattform. Wenn du ständig unsicher bist, bindest du dich emotional an Dinge, an denen du letztlich nichts ändern kannst. Wenn du dem Anbieter nicht vertraust, lass einfach die Kredite auslaufen und nutze einen anderen Vermittler auf dem Markt.

---

[24] Siehe Literaturempfehlungen

8. Verstehe die zur Verfügung gestellten Möglichkeiten deiner genutzten P2P-Vermittlungsplattform und nutze sie. Verstehst du sie nicht, nutze sie nicht.
9. Habe Spaß an Investitionen und baue dir eine entsprechende Motivation auf, damit du auch durchhalten kannst, wenn es mal nicht so gut läuft. Motivationen können z. B. finanzielle Unabhängigkeit und Sicherheit, Urlaubsreisen etc. sein.
10. Versuche von erfahrenen P2P-Investoren zu lernen (z. B. aus Büchern und Foren), aber hinterfrage immer kritisch ihre Ansichten und Methoden und entscheide selbstständig. Dies gilt auch für das vor dir liegende Buch.
11. Bleibe immer realistisch und schätze auch deine Investitionen immer realistisch ein. Du wirst allein mit P2P-Krediten nicht in kürzester Zeit zum Millionär werden. Ein sicheres, gut diversifiziertes Portfolio und das nötige Knowhow aufzubauen, wird Jahre dauern.
12. Behalte den Überblick über deine Kredite und investiere nicht zu schnell in zu viele Projekte bei anfänglicher Euphorie, sondern nutze die ersten Monate um vielleicht in nur einige wenige Projekte zu investieren. So sammelst du Erfahrung und machst dich z. B. mit den Auszahlungsverfahren und vielen anderen Dingen deiner Vermittlungsplattformen vertraut.

9. DIVERSIFIKATION

Bevor wir uns unsere Diversifikationsstrategien anschauen, sollten wir uns zuallererst einmal kurz Gedanken darüber machen, was "Diversifikation" bedeutet und worum es sich hierbei im Detail eigentlich handelt. "Diversifikation" ist offiziell im Duden definiert als "Veränderung, Abwechslung oder Vielfalt".[25] Und genau das ist es auch in der Finanzwelt. Dadurch dass du neben deinen Aktien oder anderen Anlagen Investitionen im P2P-Sektor nutzt, hast du schon eine Diversifikation erreicht, denn Aktien korrelieren beispielsweise in der Regel nicht oder nicht stark mit Krediten, es sei denn, du unterstützt jemanden, der mit seinem Kredit Aktien kaufen will. Die P2P-Anlage wiederum wird nun ebenso diversifiziert, wie es auch klassischerweise mit einem größeren Aktienportfolio passieren sollte.

Auf P2P-Investments bezogen bedeutet Diversifikation also: Geldbeträge fließen nicht vollständig in einen Einzelkredit, sondern werden auf unterschiedliche Kredite verteilt. Wichtig zu beachten ist hierbei, dass man nicht sinnlos und in zufällige Minibeträge stückelt, sondern mit Kopf und Verstand agiert. Übertriebene Diversifikation erhöht nur den Aufwand; kluge Diversifikation

---

[25] Die genaue Wortdefinition ist unter http://www.duden.de/rechtschreibung/Diversifikation zu finden.

sichert das Kapital und erleichtert den Überblick. Im Bild unten siehst du den Effekt einer Diversifikation auf die letztendliche Rendite des Investors. Bereitgestellt wurde diese Statistik vom amerikanischen Anbieter LendingClub.com[26], sollte sich aber unserer Meinung nach gut auf den deutschen Markt und auf jeglichen P2P-Anbieter übertragen lassen:

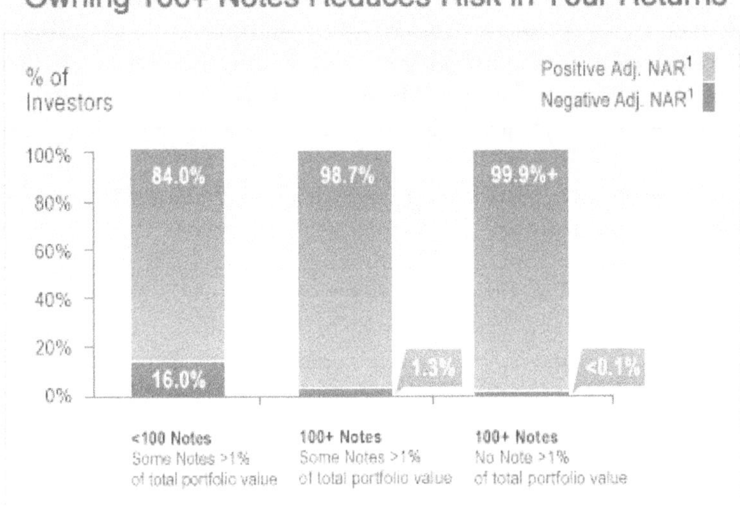

Abbildung 13: Risikoreduzierung durch Diversifikation

Je höher also dein Diversifikationsgrad ist, desto unwahrscheinlicher ist ein letztendlicher Totalverlust. Um dir also einen kleinen Fahrplan für deine Investments zu geben, damit du diese Diversifikationsgrade erreichen kannst, haben wir zwei simple Strategien für dich entwickelt, welche du selbst nutzen und auf dessen Basis du deine Investments aufbauen kannst. So simpel sie auch sind, es ist immens wichtig, diese zu verstehen, denn darauf basiert der Großteil der Sicherheit deines Portfolios. Bevor wir also beginnen zu diversifizieren, müssen wir unsere

---

[26] Weitere Information des Anbieters LendingClub.com zum Thema Diversifikation kannst du unter https://www.lendingclub.com/public/diversification.action finden.

Diversifikationsstrategie bzw. den Diversifikationsgrad festlegen, damit wir zu jedem Zeitpunkt wissen, wie wir investieren, um sicher zu diversifizieren.

Strategie 1: "Schau nach vorn"

Als Richtwert geben wir hier eine Portfoliodiversifikation von mindestens 40 Kreditprojekten vor, was einer Diversifikation von 2,5% entspricht. Dieser Wert hat keinen wissenschaftlichen Hintergrund, sondern basiert auf Einfachheit und unserer Erfahrung. Du kannst deinen Diversifikationsgrad auch mit anderen Werten belegen, beide Strategien werden dennoch funktionieren. Schauen wir uns für die Veranschaulichung ein Starterportfolio an, welches noch bei 0 Euro steht. Das erste Ziel soll darin bestehen, dass wir 1.000 Euro investieren möchten. Von unserem Zielportfolio investieren wir nun immer 2,5%, was in unserem Fall 25 Euro pro Kredit ausmacht. 25 EUR sind oftmals auch die Mindestinvestitionssumme von vielen P2P-Anbietern, weshalb wir diesen Startwert wählen. Im Idealfall haben wir also unser Ausfallrisiko auf 40 Kredite verteilt, wenn wir die 1.000 Euro erreicht haben.

Zielportfolio: 1.000 EUR
*Investition pro Kredit: 1.000 EUR * 0,025 = 25 EUR*
Diversifikation: 40 Kreditprojekte auf 1.000 EUR

Hast du das Zielportfolio erreicht, setzt du dir ein neues Ziel. Dieses Ziel kann vollkommen beliebig sein und wird keinen Ausschlag auf die Strategie geben. Für unser Beispiel setzen wir uns als nächstes die 2.000-Euro-Marke. Unsere Investition beträgt somit pro Kredit 50 Euro:

Aktuelles Portfolio: 1.000 EUR
Zielportfolio: 2.000 EUR
*Investition pro Kredit: 2.000 EUR * 0,025 = 50 EUR*
Diversifikation: 40 Kreditprojekte auf 2.000 EUR

Dein Risiko in der Wachstumsphase ist nun auf mehr als 40 Kreditprojekte verteilt. Diese Kredite laufen mit der Zeit aus und der Investmentbetrag pro Kredit wird durch den neu errechneten Investmentbetrag ersetzt, du hast jedoch dein Portfolio mit dieser

Strategie somit immer auf mindestens 40 Kreditprojekte diversifiziert. Wenn du schon ein laufendes Kreditportfolio besitzt, ist auch dies kein Problem. Dadurch dass Kredite, wie gerade erwähnt, irgendwann auslaufen, kannst du die Strategie einfach übernehmen. Schauen wir uns ein frei gewähltes Beispiel an:

Aktuelles Portfolio: 7.513 EUR
Zielportfolio: 10.000 EUR
*Investition pro Kredit: 10.000 EUR * 0,025 = 250 EUR*
Diversifikation: 40 Kreditprojekte auf 10.000 EUR

Als generelle Warnung sei aber mit auf den Weg gegeben, dass auch die Diversifikation kein Wundermittel ist. Auch hier kann es Verluste hageln, aber es senkt die Wahrscheinlichkeit eines Totalverlusts immens und daher sollten wir uns auch bei den P2P-Krediten auf gesunde Diversifikation verlassen. Weiterhin solltest du immer recht schnell erreichbare Ziele wählen, um so deine Diversifikation sinnvoll aufzubauen. Wenn du bei 0 Euro startest, würden wir nicht empfehlen dein Zielportfolio sofort auf 50.000 EUR zu setzen.

Strategie 2: “Geh auf Nummer sicher”

Eine fast identische Strategie bildet unser zweiter Vorschlag. Hierbei zahlen wir bei unserem P2P-Vermittler einen vorbestimmten Wert ein und investieren jeweils 1% der Gesamtsumme. Der Unterschied besteht lediglich im Grad der Diversifikation, was zu einer höheren Anzahl von Krediten führt und zu Beginn vielleicht auch nicht bei jedem P2P-Vermittler aufgrund des Mindestbeitrags angewendet werden kann:

Verfügbares Kapital: 1.000 EUR
*Investition pro Kredit: 1.000 EUR * 0,01 = 10 EUR*
Diversifikation: 100 Kreditprojekte auf 1.000 EUR

Haben wir unser gesamtes zur Verfügung stehendes Kapital investiert, zahlen wir nach und legen die neue Investitionssumme anhand des Prozentwertes fest:

Aktuelles Portfolio: 1.000 EUR
Verfügbares Kapital: 1.000 EUR

*Investition pro Kredit: 2.000 EUR * 0,01 = 20 EUR*
Diversifikation: 100 Kreditprojekte auf 2.000 EUR

Mit dieser Methode senken wir das Ausfallrisiko auf ein absolutes Minimum und haben selten mehr als 150 Kreditprojekte zu verwalten. Auch hier tritt wie in Strategie 1 der Effekt ein, dass trotz dem Zuschuss an neuem Kapital alte Kredite erstmal weiterlaufen, auch wenn sie auf einer anderen Berechnungsgrundlage basieren. Unserer Meinung nach sollte man nicht noch tiefer in die Diversifikation gehen, da die fehlende Übersicht durch die hohe Anzahl an Krediten irgendwann den Wert der eigentlichen Technik übersteigt. Jedoch sollten wir auf jeden Fall bei einem bestimmten Portfoliostand von Strategie 1 auf 2 wechseln. LendingClub.com sieht laut einem Artikel von "Börse online" eine P2P-Anlage sogar erst ab 250-300 Krediten als ausreichend diversifiziert an.[27] Diese Empfehlung diente allerdings dazu aufzuzeigen, dass man sogar mit hochriskanten Bonitäten bei ausreichender Diversifikation eine gute Rendite erwirtschaften kann. Das ist eine Vorgehensweise, die wir im Grunde nicht empfehlen, was jedoch letztlich im persönlichen Risikoermessen jedes einzelnen Investors liegt.

---

[27] http://www.boerse-online.de/nachrichten/meinungen/Taugen-P2P-Kredite-als-Anlageklasse-1000528693/3

10. LANG- ODER KURZLAUFENDE KREDITE?

Bei unserem nächsten Thema werden viele auf den ersten Blick der Meinung sein, dass es keinen Unterschied macht, ob wir in lang- oder kurzlaufende Kredite investieren; allerhöchstens einen privaten. Aber wir werden einmal kurz schildern, warum das nicht die ganze Wahrheit ist.

Kurzlaufende Kredite haben in unseren Augen nur einen Vorteil: Bei Kurzläufern ist die Rückflussrate im Vergleich zu Langläufern logischerweise sehr hoch und daher wertet es die monatliche Rückzahlung eines P2P-Vermittlers deutlich auf. Wenn du allerdings insgesamt langfristig investieren möchtest, ist dieser Effekt allerhöchstens ein psychologischer bzw. emotionaler Vorteil. Da wir aber emotionslos investieren, sollten wir diesen Vorteil gedanklich streichen. Kurzlaufende Kredite mit hohen Raten werden logischerweise auch eher von Menschen in Anspruch genommen, die nur kurzfristig auf Fremdfinanzierung angewiesen sind und daher ist die Wahrscheinlichkeit einer vorzeitigen Ablösung des Kredits in unseren Augen höher als bei langfristigen Krediten.

Schauen wir uns dagegen die langlaufenden Kredite an. Bei einer dauerhaften Investition auf dem P2P-Markt lautet unsere

Devise: “Je länger der Kredit läuft, desto höher sind die Vorteile”. Denn je länger der Kredit läuft, desto länger ist das Kapital gebunden. Vordergründig erstmal ein merkwürdiges Argument. Aber eine längere Laufzeit bedeutet auf der anderen Seite keine Leerlaufzeit. Wenn ein Kredit ausläuft, musst du das Geld wieder neu anlegen, was nicht immer einfach ist, sofern du mit recht viel Kapital unterwegs bist, denn der Investorenmarkt wächst rapide und die Marktplätze sind umkämpft. Gerade wenn du manuell investierst, kann es unglaublich viel Zeit kosten, deine Rückflüsse ständig zu refinanzieren. Mit langlaufenden Krediten federst du diesen Effekt deutlich ab.

Weiterhin gibt es noch einen Vorteil, der allerdings anbieterspezifisch ist. Es geht dabei ausschließlich um P2P-Vermittler, bei denen man Investitionen auf einem Zweitmarkt verkaufen kann, wie z. B. Bondora.com; eine Plattform, die nach diesem Buch für jeden P2P-Investor sicherlich eine Option sein wird. Genau diese Möglichkeit kann bei Bondora.com einen großen Unterschied ausmachen, sofern man sie bewusst einsetzt und sich daran erinnert. Wenn du beispielsweise einen überfälligen Kredit verkaufen willst, der nur noch 9 Monate Restlaufzeit hat, ist der Erwartungswert geringer als bei einem überfälligen Kredit, welcher noch 48 Monate läuft. Neben dem Zinssatz beeinflusst der Erwartungswert bei Bondora.com die Resale-Transaktionsgebühr. Aufgrund dieser Tatsache sind Langläufer hier also wesentlich besser wieder unter die Leute zu bringen.

11. PORTFOLIO-BUILDER

Seien wir ehrlich: Als Anleger an P2P-Märkten liegt unser Hauptaugenmerk auf einer stabilen und einfach erreichbaren Rendite bei zugleich möglichst geringem Zeitaufwand. Wir wissen nicht, wie es dir geht, aber wir haben nicht allzu große Lust, den halben Tag vor dem Computer zu verbringen, um die neuesten Kreditangebote nach Sinnhaftigkeit und sozialem Hintergrund zu durchleuchten. Wenn wir diese Aspekte mitnehmen können, ist das eine schöne Sache, aber deswegen sind wir nicht hier.

Minimaler Zeitaufwand bei maximaler Rendite sollte unser Ziel sein, um so unsere freie Zeit wiederum in neue Projekte, Bücher oder einfach gesagt, in uns selbst zu stecken. Um es uns einfacher zu machen, haben einige P2P-Anbieter sogenannte Portfolio-Builder entwickelt. Lass dich von den Namen nicht täuschen. Manchmal heißen sie auch Investitionsagenten, automatisches Investieren etc. Hier in diesem Buch nennen wir diese Technik Portfolio-Builder, angelehnt an die (wie wir finden) gut getroffene Auxmoney.com-Bezeichnung. Im Grunde ist es dein persönlicher Angestellter, der 24 Stunden für dich arbeitet, niemals müde oder krank wird und auch keine Gehaltserhöhung fordert.

Die Portfolio-Builder sollen uns das Leben leichter machen und investieren für uns das Geld in diverse Kreditprojekte nach unseren im Vorfeld gemachten Vorgaben. Diese Vorgaben sehen bei jedem

Anbieter anders aus und es liegt an uns, diese zu definieren. Bei manchen kann man lediglich die Summe vorgeben, die man investieren möchte und bei einigen anderen kann man bis ins kleinste Detail an den Einstellungen herumspielen. Wir raten dir: Versuch das Wichtigste einzustellen, aber dich nicht bis in die letzte Faser damit auseinanderzusetzen, denn dies führt letztlich wieder dazu, dass du dich pausenlos damit beschäftigen musst, deinen Portfolio-Builder unter Kontrolle zu halten und die Einstellungen zu perfektionieren.

Um dir dennoch die wichtigsten Dinge mit auf den Weg zu geben, nach denen du deinen persönlichen Portfolio-Builder konfigurieren kannst, haben wir dir drei, unserer Meinung nach wichtige, Kriterien herausgesucht, welche du in jedem Fall berücksichtigen solltest (sofern dies bei deinem ausgewählten Anbieter möglich ist). Dies sind im Folgenden:

1. Die Bonität. Diese bestimmt nicht nur einen großen Teil der Kreditauswahl, sondern bildet auch dein ganz persönliches Risikoprofil ab. Je besser die Bonitäten, desto stabiler deine Renditen; je schlechter die Bonitäten, desto volatiler dein Portfolio, aber desto höher sind auch im Zweifel deine Renditen. Vereinfacht visualisiert, sieht das Ganze so aus:

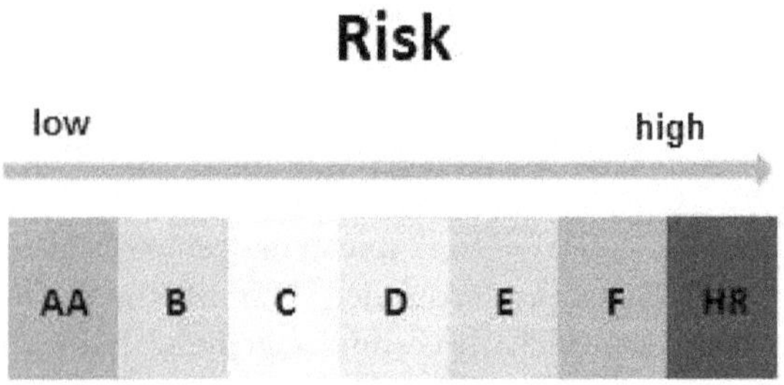

Abbildung 14: Risikoeinstufung der Bonitäten[28]

2. Die Investitionssumme des Portfolios. Diese bestimmt, wie viel du von deinem Geld in fremde Hände geben willst.

[28] Risikoskala aus dem Artikel "Impact of the new Bondora.com Rating System" von www.moneyisyourfriend.com.

Anfangs empfehlen wir dir hier konservativ zu handeln und zu Konfigurationszwecken mit kleineren Summen zu starten, um ein Gefühl für deinen Portfolio-Builder zu bekommen.

3. Die Investitionssumme pro Kredit. Erinnere dich an das Kapitel der Diversifikation! Übernimm diese Philosophie ebenso in deinem Portfolio-Builder und lass ihn fleißig für dich diversifizieren, aber bitte in solchen Größenordnungen, dass du nicht vollkommen den Überblick verlierst. Wir empfehlen daher vor der Entscheidung der Investitionssumme pro Kredit noch einmal das Kapitel zur Diversifikation durchzulesen und zu verinnerlichen.

Weiterhin sollte dir bewusst sein, dass es auch mit dem Portfolio-Builder etwas dauern kann, bis das entsprechende Portfolio verteilt ist. Gerade wenn du beispielsweise nur in Kredite höchster Bonität investierst, kann es dir auf einigen Plattformen passieren, dass du auch dort kaum Angebote bekommst. Sorge daher gerade zu Beginn am besten für eine gesunde Verteilung, um sicherstellen zu können, dass der Portfolio-Builder korrekt arbeitet. Aber vor allem: Hab Geduld und schau nicht alle 5 Minuten auf dein Portfolio, ob dein Portfolio-Builder schon in einen neuen Kredit investiert hat. Wir empfehlen, anfangs täglich zu einer definierten Tageszeit zu schauen und das dann nach und nach zu reduzieren, sofern du dir sicher bist, dass dein Portfolio-Builder korrekt funktioniert. Denn mit der Erreichung dieses Ziels hast du somit ein (hoffentlich) emotionslos skalierbares und automatisiertes Investmentsystem aufgebaut.

12. BEISPIEL-PORTFOLIOS

Um dir ein Gefühl dafür zu geben, wie so ein Portfolio bei einem P2P-Vermittler aussehen kann, wie hoch die Renditeunterschiede zwischen zwei Anbietern sein können und welche Strategien man verfolgen kann, wollen wir dir einmal 2 Beispiele näherbringen, die auf tatsächlich laufenden Portfolios von Anlegern basieren. Anfangen wollen wir mit einem sehr interessanten Portfolio bei Auxmoney.com:

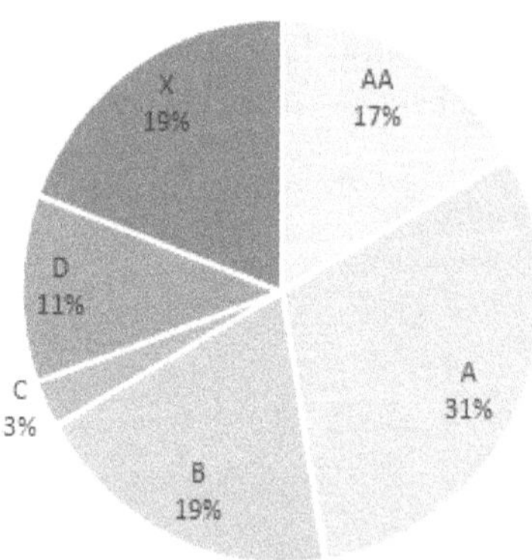

Abbildung 15: Auxmoney-Portfolio

Dieses Portfolio zeichnet sich durch einen hohen Anteil von

fast zwei Dritteln sehr sicheren Anlagen der Auxmoney.com Klassen AA, A und B aus. Vermutlich würde die Rendite bei so einer Strategie auf Basis von Auxmoney.com nicht sonderlich hoch sein. Der Portfolio-Besitzer hat nun allerdings die riskantesten Kreditprojekte der Klasse X beigemischt, um seine Rendite dennoch auf ansehnliche 8% zu treiben, und überspringt größtenteils die Auxmoney.com-Scores C und D. Da die Definition der Klasse X (wie im Kapitel über Auxmoney.com beschrieben) jedoch nicht unbedingt immer mit hohem Risiko gleichbedeutend ist, kann dieser Plan durchaus aufgehen. Alle Kreditgesuche werden vom Portfolio-Besitzer manuell geprüft und ausgewählt, was einen hohen Zeitaufwand für ihn bedeutet, da er kein Vertrauen in den Portfolio-Builder hat und diesen daher nicht benutzt. Er erhofft sich von der manuellen Prüfung trotz des scheinbar hohen Risikos eine geringe Ausfallquote. Dennoch ein Spiel mit dem Feuer und hohem persönlichen Aufwand durch die hohe notwendige Online-Präsenz, um Kreditangebote zu prüfen. Bis zum heutigen Tag existieren allerdings kaum nennenswerte Verluste.

Schauen wir uns nun das zweite Portfolio an, welches auf dem ebenso im Buch vorgestellten P2P-Vermittler Bondora.com basiert:

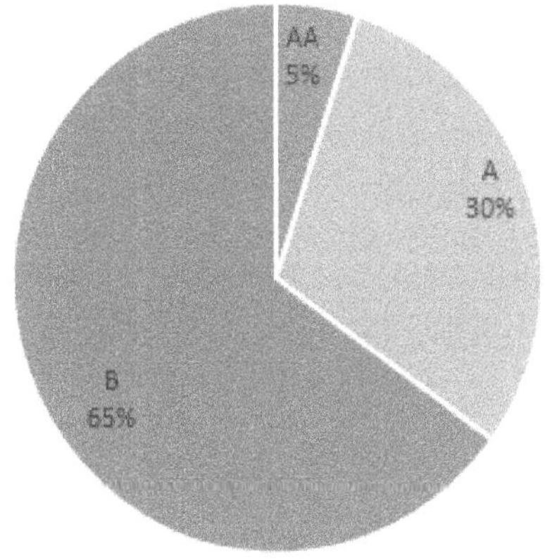

Abbildung 16: Bondora-Portfolio

Dieses Portfolio ist im Gegensatz zum ersten Beispiel sehr konservativ ausgerichtet. Der Besitzer investiert nur in Kredite mit den drei besten Bondora.com-Bonitäten AA, A und B, geht aber dafür das vermeintlich höhere Risiko der Anlage bei einem ausländischen Anbieter ein. Dieses Risiko wird jedoch mit einem Rendite-Index von ca. 13% belohnt. Weiterhin beträgt der Zeitaufwand für den Besitzer dieses Portfolios wenige Minuten im Monat, denn seine Kredite werden vollautomatisch durch den Portfolio-Builder (bzw. das Investitionsprofil bei Bondora.com) ausgewählt. Er überwacht lediglich überfällige Zahlungen. Aber auch hier gibt es bis zum heutigen Tag kaum Verluste im Portfolio.

Nochmal zu Erinnerung: Die beiden Portfolios sind echte Portfolios, dienen jedoch lediglich der Orientierung und dem Aufzeigen der Möglichkeiten auf dem P2P-Markt. Es handelt sich nicht um eine Empfehlung für eine bestimmte Strategie oder für einen der beiden vorgestellten Anbieter. Auch die Automatisierung des Bondora.com-Portfolios kann genauso gut bei Auxmoney.com eingerichtet werden, um auch dort den Zeitaufwand auf nahezu null zu senken.

13. KORRELATION ZU ANDEREN WERTANLAGEN

In diesem Kapitel werden wir die Korrelation von P2P-Krediten zu anderen Wertanlagen näher beleuchten. Wir sind uns ziemlich sicher, dass du dieses Kapitel ebenso wichtig und wertvoll für deine Investments finden wirst, wie wir es tun.

Bevor wir jedoch anfangen, sollten wir uns einmal kurz klarmachen, was der Begriff "Korrelation" überhaupt bedeutet. Eine Korrelation beschreibt (laut offizieller Definition[29]) eine Beziehung (Wechselbeziehung) zwischen zwei oder mehreren Merkmalen, Ereignissen, Zuständen oder Funktionen. Die Korrelation ist von erheblicher Bedeutung bei Kapitalanlagen. Es gilt: Das Gesamtrisiko des kompletten Portfolios ist umso geringer, je geringer die einzelnen Anlagen miteinander korrelieren. Die ideale Diversifikation ist so umfassend, dass keine Korrelationen zwischen den einzelnen Anlageklassen existieren. Wenn man nur in der Aktienwelt unterwegs ist, ist dieser Zustand nahezu unmöglich. Jedoch kann man, wie wir gleich erkennen werden, mit geschickter Beimischung der Anlageklasse P2P einem Idealzustand durchaus etwas näher kommen.

---

[29] Weitere Informationen zur Korrelation sind unter https://de.wikipedia.org/wiki/Korrelation zu finden.

Der Inhalt folgender Grafik wurde auf der Seite des Investment-Werkzeugs LendingRobot veröffentlicht und zeigt die Korrelation verschiedener Börsenindizes im Vergleich zum P2P-Markt. Zum Verständnis findest du unter der Tabelle die Erklärungen zu den verschiedenen Indizes:

	VTI	VPACX	VEURX	VBR	VNQ	AGG	TIP	VWEHX	p2p
VTI	**1,00**	0,85	0,88	0,96	0,82	0,08	0,09	0,75	0,19
VPACX	0,85	**1,00**	0,88	0,88	0,69	0,14	0,14	0,67	0,13
VEURX	0,88	0,88	**1,00**	0,82	0,71	0,14	0,15	0,70	0,14
VBR	0,96	0,80	0,82	**1,00**	0,86	0,07	0,07	0,72	0,13
VNQ	0,82	0,69	0,71	0,86	**1,00**	0,26	0,28	0,69	0,18
AGG	0,08	0,14	0,14	0,07	0,26	**1,00**	0,76	0,32	-0,13
TIP	0,09	0,14	0,15	0,07	0,28	0,76	**1,00**	0,33	-0,02
VWEHX	0,75	0,67	0,70	0,72	0,69	0,32	0,33	**1,00**	0,01
p2p	0,19	0,14	0,14	0,13	0,18	-0,13	-0,02	0,01	**1,00**

Abbildung 17: Korrelation zu Börsenindizes[30]

Zur Vollständigkeit hier die Aufschlüsselung der Abkürzungen:
VTI = US Stocks
VPACX = Pacific Stocks
VEURX = European Stocks
VBR = US Small Caps Value
VNQ = US REITs
AGG = US Bonds
TIP = US TIPs
VWEHX = US High Yield Corporate
p2p = P2P-Markt

Korrelationen können Werte zwischen −1 und +1 annehmen. Bei einem Wert von +1 (bzw. −1) besteht ein vollständig positiver (bzw. negativer) Zusammenhang zwischen den betrachteten Merkmalen. Wenn der Korrelationskoeffizient den Wert 0 aufweist, hängen die beiden Merkmale überhaupt nicht voneinander ab. Wir sehen also, dass die Anlageklasse P2P mit keinem der aufgeführten Börsenindizes stark korreliert. Mit der Beigabe von P2P-Anteilen

[30] https://www.lendingrobot.com/

zum klassischen Aktienportfolio wird die Diversifikation also signifikant erhöht und die Korrelation zwischen den Anlageklassen gesenkt. Es bedeutet somit eine zusätzliche Sicherheit für unser Gesamtvermögen, welche wir nutzen können und sollten. Ein reines Aktienportfolio korreliert sehr stark miteinander, weshalb ein Investment in P2P-Kredite als eine Art Stabilisator verwendet werden kann. Man leidet also nicht unter einer starken Korrelation und erzielt eine vergleichsweise bessere Rendite.

Fazit dieses Kapitels: Der P2P-Markt ist trotz seiner noch jungen Geschichte eine sinnvolle Ergänzung zum Aktienportfolio und man sollte diese Chance für sich nutzen, sofern man in diesem Bereich entsprechendes Knowhow aufgebaut hat. Den Anfang dazu machst du gerade selbst mit diesem Buch.

14. RISIKEN UND SICHERHEITEN

Ein Investment in P2P-Kredite bringt viele Vorteile mit sich und die Marktplätze tun (wie in unseren beiden Beispielen schon vorgestellt) viel dafür um Sicherheit und Vertrauen zu schaffen, doch gibt es auch hohe Risiken die man beachten sollte. Dieses Kapitel liefert dir eine ausführliche Erläuterung über die spezifischen Risiken und Sicherheiten von P2P-Krediten aus unserer Sicht. Diese haben wir jeweils absteigend sortiert in einer Top-5-Liste. Wir fangen mit den Risiken an:

Risiken

1. Kreditausfälle: Das größte und sichtbarste Risiko für jeden, der in diesem Bereich investiert, besteht darin, dass ein Schuldner seine Kreditraten nicht zurückzahlen kann. Die P2P-Kredite sind in der Regel nicht (wie einige bei Auxmoney.com) mit Wertgegenständen wie beispielsweise Kraftfahrzeugen oder Restkreditversicherungen abgesichert. Wie wir in einem Diagramm in einem der früheren Kapitel gesehen haben, handelt es sich statistisch gesehen bei den Krediten zum größten Teil um Konsumkredite, was wiederum dazu führen kann, dass es schnell zu fehlenden Raten kommt. Dies schlussfolgern wir daraus, da Menschen, die Kredite für Konsumgüter aufnehmen, unserer Meinung nach oft die nötige finanzielle Weitsicht fehlt. Unserer Erfahrung nach zahlen die

meisten Schuldner jedoch pünktlich oder mit kurzer Verzögerung nach, wenn sie eine Rate versäumt haben. Den Aspekt des Kreditausfalls sollte man dennoch in keinem Fall vernachlässigen und man kann ihn leider auch nicht verhindern, jedoch können wir diesem Risiko durch sinnvolle Diversifikation entgegenwirken. Wie das genau funktioniert, haben wir im entsprechenden Kapitel beschrieben.

2. Keine verlässlichen Bonitäten: Jeder P2P-Vermittler arbeitet mit Unternehmen zusammen, welche die Bonitäten der Kreditnehmer im Vorfeld prüfen und jedem Kreditgesuch eine Einschätzung über dessen Rückzahlwahrscheinlichkeit per Scoring[31] geben. Der Kreditgeber muss sich auf die Bonitätseinschätzung der P2P-Partner verlassen können, denn sind diese von schlechter Qualität, sind sie irreführend und können vermeintlich "sichere" Kreditangebote zur Verlustfalle machen. Wer hier einen guten und wer einen schlechten Job macht, ist aber fast unmöglich herauszufinden, denn jeder Dienstleister hat in diesem Bereich seine eigenen Berechnungsmethoden, welche einerseits geheim und andererseits sehr wahrscheinlich nicht vergleichbar sind.

3. Keine 100%igen Bankenstandards: Wir sind uns sicher, dass P2P-Vermittler bei der Kreditvergabe nicht die gleichen hohen Standards anlegen können, wie Banken das tun (sollten). Sie geben dies zwar vor, dennoch sind solche Beteuerungen für den Investor schwer zu kontrollieren, obwohl ja (zumindest im Normalfall in Deutschland) immer Banken im Hintergrund stehen. Zudem könnte der P2P-Vermittler möglicherweise leichtfertig Kredite vergeben, da dieser im Gegensatz zu normalen Banken nicht selbst ins Risiko geht. Stattdessen

[31] Auszug aus Wikipedia: Ein Kreditscore (von engl. to score -punkten, score - Punktestand) ist ein Zahlenwert auf Basis einer statistischen Analyse, der die Kreditwürdigkeit einer Person repräsentiert. Mit Kreditscoring versuchen Unternehmen die Kreditwürdigkeit von Kunden oder Partnerunternehmen nach einem vorgegebenen Verfahren mehr oder weniger automatisiert zu ermitteln.

leben sie in der Regel allein von den Vermittlungsgebühren, das heißt: Je mehr Geschäft sie machen, desto mehr verdienen sie und dies zunächst einmal unabhängig von der Qualität der vermittelten Kredite.

4. Bankrott deines P2P-Vermittlers: Der schlimmste Fall tritt ein: Der P2P-Vermittler, bei dem du investierst, geht bankrott. Jeder P2P-Vermittler hat eigene Maßnahmen und Absicherungen getroffen, damit dieser Fall nicht eintritt. In den USA werden bei einigen Vermittlern z. B. Ersatz-Dienstleister eingesetzt, die den Betrieb der Plattform solange weiterführen, bis die letzten Kredite zurückgezahlt sind. Bei uns in Deutschland übernimmt etwa bei Auxmoney.com nach Kreditabschluss die Bank im Hintergrund alles weitere und daher sollte auch hier ein ähnliches Szenario greifen. Zusätzlich dazu unterliegen die Banken der deutschen Einlagensicherung. Ob und wie diese ganzen Systeme aber funktionieren werden, wenn es wirklich mal zu dem Fall der Fälle kommt, bleibt allerdings fraglich. Denn bisher gab es nach unseren Recherchen (zumindest in Deutschland) genau diesen konkreten Fall noch nie. Eine Tatsache, welche für uns in jedem Fall Vertrauen schaffen sollte.

5. Unvorhersehbares: Der P2P-Kreditmarkt ist vor allem in Deutschland noch recht jung und neu im Verhältnis zu anderen Märkten und daher kann es durchaus passieren, dass Fälle eintreten, die im Vorfeld noch niemand bedacht hat. Das können z. B. neue Gesetze sein, die P2P-Vermittler benachteiligen, aber auch jeder andere Umstand, der auf diesen Markt Seiteneffekte haben kann. Wir haben keinerlei Chance, uns auf solche Dinge perfekt vorzubereiten oder sie vorherzusehen. Wer jedoch mehr über unvorhergesehene Ereignisse wissen möchte und wie man sich gegen eben diese zumindest wappnet, dem empfehlen wir das Buch "Der Schwarze Schwan" von Nicholas Nassim Taleb (siehe Literaturempfehlungen).

Sicherheiten

1. Bonitätsprüfung: Was auf der einen Seite als Risiko erscheint, kann unserer Meinung nach genauso gut als größte Sicherheit

gelten. Eine gute und langjährig verlässliche Einschätzung von Bonitäten wird Risikoangebote im Vorfeld entsprechend klassifizieren. Auxmoney.com z. B. nutzt sogar mehrere Dienstleister wie z. B. Schufa und Arvato Infoscore. Eine erfahrene Kombination, auf die man sich sicherlich zu einem großen Teil verlassen kann. Alle Dienstleister in diesem Bereich ermitteln ihre Informationen unserer Recherchen nach auf zwei verschiedene Arten. Eine Variante ist die Eigenrecherche von Informationen und die darauffolgende entgeltliche Bereitstellung für ihre Kunden (in unserem Fall die P2P-Vermittler). Auf diese Weise arbeiten viele gewerbliche Auskunfteien wie z. B. Creditreform, Bürgel, D&B oder Coface.[32] Die zweite mögliche Variante beruht auf dem Gegenseitigkeitsprinzip, welches z. B. die Schufa nutzt. Vertragspartner der Schufa verpflichten sich, bestimmte formalisierte Merkmale über die Aufnahme und Abwicklung eines meldepflichtigen Geschäfts an die Schufa weiterzugeben. Im Gegenzug erhalten die Vertragspartner von der Schufa Informationen, die weitere Vertragspartner über den angefragten Kunden an die Schufa gemeldet haben.

2. Einlagensicherungsfonds (Deutschland): Die deutschen Vermittler haben in der Regel immer eine Bank im Hintergrund und wickeln darüber auch ihre Geschäfte ab. Diese Banken sind meist Mitglied des deutschen Einlagensicherungsfonds. Deine nicht bereits in einen Kredit investierten Gelder sind also im Falle eines plötzlichen Bankrotts sicher. Im Ausland wird es mit dieser Problematik wieder etwas verfahrener, daher gilt es vor jedem Vertragsabschluss mit dem P2P-Vermittler die genaue Sicherung des Geldes (sofern vorhanden) einmal abzuklopfen.

3. Inkasso: Trotz hoher Rückzahlungsraten[33] in Deutschland

[32] Creditreform, Bürgel, D&B und Coface sind allesamt Dienstleister im Informations- Forderungs- und Risikomanagement.

[33] Über 90% aller privat vergebenen Kredite werden termingerecht bezahlt und zu ebenfalls über 90% aller bei der Schufa registrierten Personen liegen ausschließlich positive Informationen vor.

gehört der Kreditausfall im Kreditwesen zum Tagesgeschäft und zu einer der Aufgaben eines P2P-Vermittlers zählt es, die Anleger dagegen zu schützen. Jedes Inkassosystem läuft etwas anders, im Wesentlichen aber dennoch gleich. Sollten jegliche Mahnungen erfolglos geblieben sein, wird der Kredit gekündigt und die Forderung an ein Inkassounternehmen[34] verkauft. Inkassounternehmen helfen Gläubigern, das ausstehende Geld oder einen Teil davon zurück zu bekommen. Man muss hier also mit Abschlägen rechnen, dennoch bewahrt diese Vorgehensweise einen Anleger vor einem Totalverlust. Ein Inkassoverfahren kann sich jedoch über Monate hinziehen, das Geld ist also nach einem Kreditausfall erstmal nicht mehr verfügbar.

4. Eigenverantwortlichkeit: Wie schon im Kapitel "Diversifikation" beschrieben, können wir selbst am meisten dafür sorgen, dass unsere Gelder einigermaßen sicher sind. Wir können mit diversen bereits beschriebenen Techniken und persönlicher Einstellung den meisten Risiken von vornherein aus dem Weg gehen, bzw. diese zumindest senken.

5. Individuelle Sicherheiten: Die individuellen Sicherheiten sind nicht generell gegeben, aber immer mehr Anbieter versuchen, sich auf diesem Weg einen Wettbewerbsvorteil zu sichern, bzw. sich von anderen Anbietern mit optionalen Sicherheiten abzugrenzen, hervorzuheben und das Vertrauen der Kunden zu gewinnen. Bei Auxmoney.com können die Kreditnehmer, wie schon im entsprechenden Kapitel erwähnt, beispielweise ein Kraftfahrzeug als Sicherheit hinterlegen oder eine Restkreditversicherung abschließen, um im Falle von Zahlungsschwierigkeiten dem Kreditgeber Sicherheit zu geben und ihn vor einem Totalverlust zu bewahren. Die Modelle sind hier sehr unterschiedlich und ebenso ausbaufähig. Wir hoffen, dass weitere Anbieter dem guten Beispiel von Auxmoney.com folgen und ebenfalls Sicherheiten anbieten.

---

[34] Weitere Informationen über die Funktionsweise von Inkassounternehmen sind auf https://de.wikipedia.org/wiki/Inkassounternehmen zu finden.

15. STEUERLICHE BEHANDLUNG VON P2P-INVESTMENTS

Das nächste Thema, welches wir ansprechen (müssen), dreht sich um die Besteuerung von Investments im P2P-Bereich. Da das deutsche Steuerrecht aber manchmal volatiler als ein Hedgefonds sein kann, sei gleich vorweg gesagt, dass die Informationen hier schnell wieder veraltet sein können. Dieses Kapitel spiegelt daher lediglich unseren Informationsstand zum Redaktionsschluss wider und dient nicht der Steuerberatung. Wir empfehlen dir daher, einen Steuerberater hinzuzuziehen, wenn es ernst wird oder dich selbst auf den aktuellsten Stand zu bringen.

Bei P2P-Vermittlern ist es aktuell so, dass bei diesen kein Freistellungsauftrag gestellt werden kann, der verhindert, dass Steuern im Vorfeld abgezogen werden, obwohl hinter den Unternehmen in aller Regel eine größere Bank steht. Der P2P-Vermittler zahlt schlichtweg einfach nur die Tilgungen und Zinsen aus und kümmert sich nicht weiter darum. Dies führt dazu, dass du verpflichtet bist, die Anlage KAP mit den entsprechenden Einnahmen in deiner Steuererklärung abzugeben, damit diese mit deinem Freibetrag verrechnet werden können.[35] Denn: Erträge aus

[35] § 20 Abs. 1 Nr. 5 und 7 EStG

P2P-Geldanlagen sind als „Einkünfte aus Kapitalvermögen" steuerpflichtig. Sie werden zu dem Teil besteuert, der den Freibetrag von 801 EUR (bei Verheirateten 1.602 EUR) überschreitet. Seit Einführung der Abgeltungssteuer 2009 beträgt der Steuersatz 25 Prozent (plus Solidaritätszuschlag und ggf. Kirchensteuer).

Die meisten deutschen Anbieter (wie unser Beispielanbieter Auxmoney.com) machen es dir hier aber recht einfach. Du bekommst von diesen jährlich eine Zinsbescheinigung ausgestellt, die deine entsprechenden Gewinne ausweisen. Diese Bescheinigungen kannst du dann beispielsweise in deine Steuererklärung übertragen und die ausgestellten Dokumente zum Nachweis mitschicken.

Interessanter wird es bei ausländischen Anbietern wie Bondora.com, Mintos.com und anderen. Diese interessieren sich natürlich weniger für das deutsche Steuerrecht und stellen dir somit auch keinerlei Bescheinigungen aus. Hier musst du dir deine Gewinnaufstellungen je nach Vermittler über Filter selbst zusammenstellen, die Einnahmen in deine Steuererklärung übertragen und deine Auswertungen beilegen. Dies erfordert jedes Jahr ein wenig Aufwand; wenn man den Dreh aber einmal raus hat, geht auch das ziemlich schnell; und unserer Meinung nach zahlt sich dieser Aufwand aufgrund der in der Regel höheren Renditen im Ausland in jedem Fall aus.

Im Vergleich zu z. B. Aktieninvestments kannst du leider keine Verluste geltend machen. Zinsen die nicht gezahlt werden, können auch nicht als entgangene Einnahme, als Verlust oder Werbungskosten angesetzt werden. Gleiches gilt leider auch für den regulären Tilgungsanteil. Ist eine private Darlehensforderung also uneinbringlich, so ist dies in den meisten Fällen steuerlich unbeachtlich. Die erzielten Verluste können daher steuerlich nicht geltend gemacht werden.

Bei alternativen Anlageformen gilt: Jedes Finanzamt wird eine unterschiedliche Menge an Erfahrungen mit derartigen Investments haben. Vielleicht sind einige Anbieter sogar noch unbekannt, was bei der derzeitigen Welle von neuen P2P-

Vermittlern nicht unbedingt ungewöhnlich wäre. Bereite dich also in jedem Fall auf Nachfragen von den Finanzämtern vor und sammle Erfahrungen, denn damit wird es Jahr für Jahr einfacher von der Hand gehen und alles wird sich mit der Zeit einspielen. Wichtig ist lediglich, dass du deine Kapitaleinnahmen immer angibst und entsprechend deine Steuern zahlst, dann kann dir auch nichts passieren.

16. DIE 10 GRÖẞTEN FEHLER BEI P2P-INVESTMENTS

Um Fehler zu vermeiden, muss man sie erst einmal kennen. Zu diesem Zweck haben wir dieses Kapitel eingeschoben. Nach gründlicher Lektüre und Verinnerlichung der einzelnen Punkte, solltest du deine Fehler möglichst schnell identifizieren können und Taktiken anwenden, um sie zu vermeiden.

1. Fehlende Diversifikation: Wie einleitend schon erwähnt, sollte man sich nicht nur in seinem gesamten Portfolio, sondern auch in den einzelnen Anlageklassen an den Grundsatz "Lege nicht alle Eier in einen Korb" halten. Denn fällt dieser eine Korb auf den Boden, ist ein Großteil deiner Eier nicht mehr brauchbar. Dies trifft analog beim P2P-Investment auch auf dein Portfolio zu. Wir können als Kreditnehmer leider keinen Einfluss auf die Rückzahlungsmoral der Kreditnehmer nehmen, außer wir rufen ihn an und drohen ihm mit einem Baseballschläger (was bei Bondora.com z. B. tatsächlich möglich wäre, da man in den Kreditunterlagen den richtigen Namen des Kreditnehmers findet). Dies sollten wir jedoch besser Inkassounternehmen überlassen, welche sich auf Schuldeintreibungen spezialisiert haben. Wir müssen uns also mit dem Gedanken abfinden, dass einige Kredite wohl oder übel mit der Zeit ausfallen werden. Je nach Plattform und Scoring der jeweiligen Kreditnehmer liegt

die Ausfallquote bei ca. 2-3%, was ungefähr der Quote einer durchschnittlichen Bank entspricht. Das Risiko ist also statistisch gesehen keinesfalls größer, nur weil es sich um eine P2P-Investition handelt. Hat man allerdings sein gesamtes Kapital in einen Kredit investiert und ausgerechnet dieser fällt aus, ist das gesamte Kapital verloren. Aus diesem Grund sollte man seinen Anlagebetrag auf mehrere Kredite streuen, wie diese Streuung aufgebaut ist, muss man anhand der Größe seines persönlichen Portfolios entscheiden. Strategien zur erfolgreichen Diversifikation wurden bereits im Kapitel zur Diversifikation beschrieben.

2. Zu starke Diversifikation: Auch dies kann im P2P-Geschäft zu einem großen Fehler werden, wenn man es übertreibt, denn viele Kredite bedeuten mitunter einen Übersichtsverlust bei der Filterung nach z. B. überfälligen Krediten, welche man verkaufen möchte (sofern dein P2P-Anbieter diese Möglichkeit anbietet). Wenn man dann auch noch seine Investments über etliche P2P-Anbieter streut, ist das Chaos perfekt. Weiterhin muss man bei der Versteuerung von Krediten aus dem Ausland für das Finanzamt die Kreditprojekte und erzielten Renditen aufbereiten, da man von ausländischen P2P-Plattformen nicht einfach eine Steuerbescheinigung zugestellt bekommt. Dies kann bei einer Vielzahl von Kreditprojekten schnell zu einem Krampf und unnötig viel Arbeit werden. Nähere Informationen dazu gaben wir bereits im Kapitel über die Besteuerung von P2P-Investments. Aber auch wenn man einfach nur seine persönliche Rendite berechnen möchte, kann eine zu starke Diversifikation zu einem Stolperstein werden. Die Kunst ist es also, den goldenen Mittelweg zwischen zu starker und zu schwacher Diversifikation zu finden. Auch hier verweisen wir nochmal eindringlich auf das Kapitel über Diversifikation.

3. Fehlendes Vertrauen: "Verunsicherung" heißt bei diesem dritten Fehler der größte Feind. In etlichen Forenbeiträgen findet man "geschädigte" Anleger, die von ihren schlechten Erfahrungen mit P2P oder anderen Investments sprechen. Dies resultiert aber vor allem daraus, dass Menschen in Foren hauptsächlich von ihren schlechten Erfahrungen berichten,

weniger von den guten. Ein Phänomen, welches man in fast jedem Lebensbereich antrifft. Beispielsweise wird es jeder Arbeitnehmer kennen, dass Vorgesetzte eher die schlechten Dinge als die guten sehen. Genauso verhält es sich im P2P-Bereich und bei anderen Investments. Unserer Meinung nach resultiert das aus der naiven Milchmädchenrechnung, dass man mehr als 2% aus einer Anlageklasse an Rendite einfahren könnte, ohne auch nur ein nennenswertes Risiko einzugehen. Man muss sich ganz einfach klarmachen, dass wir hier kein Geld zur Bank auf ein Festgeldsparbuch bringen, welches durch den deutschen Staat besichert ist. Wir kennen das: in der Vergangenheit dominierten häufig Negativmeldungen die Presselandschaft, was das allgemeine Investment außerhalb von Sparkonten oder Versicherungen betrifft:

"Prokon insolvent, Tausende Anleger pleite"
"Conergy stellt Insolvenzantrag, Zukunft des Anlegerkapitals ungewiss"

Die Landschaft der Beispiele ist beliebig erweiterbar und füllt mehrere Bücher. Warren Buffett hat mal gesagt, dass man nicht investieren sollte, wenn man keine Risikobereitschaft mitbringt und genau so verhält es sich auch beim P2P-Investment. Wenn ich beim ersten Kreditausfall gleich die Nerven verliere, sollte ich mir besser von Anfang andere Alternativen für meine Investments suchen. Das ist vollkommen in Ordnung.

4. Investieren trotz fehlender Erfahrung: Es ist immer wieder erschreckend, wie viele Anleger ihr hart verdientes Geld blind irgendwo investieren, ohne einfach mal ein Buch (z. B. wie dieses hier) gelesen zu haben. Man hört ohne eigene Recherche auf Freunde, Kollegen oder schlimmer: Bekannte und Berater; das alles nur, weil man nicht gewillt ist, selbst ein Buch in die Hand zu nehmen oder sich anderweitig zu informieren. Hiermit geht man nicht nur ein hohes Risiko ein, sondern gibt auch gleich noch seine finanzielle Eigenverantwortlichkeit ab, indem man bei einem verlustreichen Investment einfach jemand anders verantwortlich macht, denn die Idee kam ja (scheinbar) nicht von einem selbst. Man hatte ja keine Zeit, musste arbeiten, lernen, Blumen gießen oder findet irgendeine

andere Ausrede, um seine finanzielle Eigenverantwortlichkeit abzugeben.[36] Da werden "einfach so" 20.000-30.000 Euro aus einer Erbschaft investiert, ohne vorher genau zu recherchieren, was jetzt eigentlich konkret mit dem Geld passiert und ob nicht etwa 10% der Summe sofort in die Taschen eines Beraters oder woanders hin wandern. Auf der anderen Seite wird das Aldi-Wochenblatt regelmäßig und genauestens auf Schnäppchen im Cent-Bereich studiert. Dabei kostet es nicht mehr als 30 Minuten und 5-20 Euro, um mittlerweile zu jedem Thema mindestens ein gutes Buch oder sogar kostenlose Webinare im Internet zu finden. Diese investierte Zeit und das wenige Geld sind oft reines Gold wert. Denn das Wissen hilft effektiv Kosten zu sparen, was letztlich zu einer Erhöhung der Rendite führt und auch mehr Sicherheit und somit Verantwortung im Umgang mit den eigenen Finanzen aufzubauen. Damit du Anregungen bekommst, haben wir am Ende dieses Buches ein paar Literaturempfehlungen für dich zusammengestellt.

5. Ständiger Anbieterwechsel: Genau wie am Aktienmarkt gilt auch hier der Leitspruch: "Hin und her macht Taschen leer", denn jede Art von Investition kostet letztendlich Geld in Form von Gebühren oder ähnlichem (z. B. Zeit). Die Plattformen wollen und sollen natürlich auch Geld verdienen, denn ansonsten würden sie nicht existieren und wir hätten gar keine Möglichkeit hier zu investieren. Nun gibt es bei P2P-Plattformen ebenso wie bei Banken, Bäckern, Autoherstellern etc. einen Konkurrenzkampf. Je mehr Anlegergeld eine Plattform sammelt, desto mehr Kredite kann sie vergeben und desto schneller werden die Kreditsummen für den Antragsteller bestätigt. Es liegt also in der Natur der Sache,

---

[36] Man spricht hierbei auch vom "passiven Leben". Im Falle eines Misserfolgs kann man hierbei andere Menschen dafür verantwortlich machen, anstatt sich selbst einzugestehen, keine geeigneten Maßnahmen gefunden oder Erfahrungen gesammelt zu haben, um selbst für den Erfolg zu sorgen oder bei Misserfolg seine Maßnahmen überdenken zu müssen.

dass P2P-Anbieter ihr Angebot so attraktiv wie möglich, sowohl für Kreditnehmer, wie auch für Investoren machen wollen. Aus diesem Grund wird man bei Vergleichen immer wieder interessante "Wechselangebote" sehen, wobei der Wechsel hier natürlich nicht mit einem Wechsel von Aktienportfolios gleichzusetzen ist. Es handelt sich hierbei eher (noch) um klassische Werbeangebote, wie z. B. zeitlich begrenzter Gebührenerlass, um dich als neuen Investor zu gewinnen. Die "Wechselkosten" beziehen sich hier auch mehr auf die Individualität der verschiedenen P2P-Anbieter. Jede Plattform hat andere Konditionen und Besonderheiten und man muss zuerst Erfahrungen sammeln und zahlt daher auch entsprechend Lehrgeld. Dies ist bei einem Wechsel fast unvermeidbar. Wir empfehlen dir daher, vorerst **eine** Plattform auszuwählen und dort deine Erfahrungen zu sammeln. Welche du dabei auswählst, bleibt dir überlassen. Du solltest genug Hilfestellungen und Anregungen für die korrekte Auswahl eines ordentlichen Anbieters in diesem Buch erhalten haben.

6. Zu viel Zeit mit Kreditauswahl verbringen: Das wichtigste Kapital eines Investors ist nicht sein Geld, sondern seine Zeit. Dies ist eine Lehre, welche wir meist erst dann verstehen, wenn unsere Zeit im Leben durch auf uns einwirkende Faktoren wie Familie, Job oder ähnlichem knapp wird. Für uns ist neben dem ROI[37] die wichtigste Kennzahl daher ROTI[38]. Kurz gesagt bedeutet dies, dass wir uns lieber mit 5% Rendite zufriedengeben und hierbei nur 20 Minuten am Tag effektiv

---

[37] Return on Investment: Der Begriff „Return on Investment" (kurz: RoI, auch: Kapitalrentabilität, Kapitalrendite, Kapitalverzinsung, Anlagenrentabilität, Anlagenrendite, Anlagenverzinsung) ist eine betriebswirtschaftliche Kennzahl zur Messung der Rendite einer unternehmerischen Tätigkeit, gemessen am Gewinn im Verhältnis zum eingesetzten Kapital (Eintrag aus Wikipedia).

[38] Return on time invested: Der Begriff „Return on time invested" ist eine Kennzahl für die letztendliche Rendite einer Investition, gesehen auf die dafür investierte Zeit.

arbeiten, anstatt 7% anzustreben und dafür dann aber 6 Stunden am Tag aufwenden müssen. Das "Zeitkapital" welches wir durch diesen Kompromiss einsparen, können wir auf der anderen Seite nämlich für die Verbesserung des Investments (durch Fachbücher, Schulungen etc.) und uns selbst nutzen. Das Ergebnis könnte auf unser Beispiel bezogen dies sein: nach der Verbesserung unserer Fähigkeiten durch die eingesparte Zeit, erreichen wir auch mit 20 Minuten am Tag die 7% Rendite oder vielleicht auch mehr. Investieren wir jedoch weiterhin viel Zeit in die Kreditauswahl, werden wir überhaupt keine Chance haben, neue Dinge dazuzulernen. Auf das Investment bei Privatkrediten bezogen, sollten wir uns also Anbieter suchen, welche automatische Portfolio-Builder im Angebot haben. Denn nur damit haben wir die Möglichkeit der maximalen Zeitersparnis. Was diese Portfolio-Builder tun und wie sie funktionieren, erfährst du im entsprechenden Kapitel. Auch wenn sie anfangs etwas kompliziert erscheinen und nicht sofort perfekt investieren, lohnt es sich hier dranzubleiben.

7. Emotionale Entscheidungen: Mit "Gefühl" bei der Sache zu sein, mag Sinn machen, wenn man ein Date mit einer hübschen Frau hat, jedoch nicht, wenn man in Privatkredite oder auch jegliche andere Anlageklassen investiert. Gefühle verleiten uns zu Kurzschlussreaktionen, welche fatale Folgen für unsere Finanzen haben können. Wir sollten unser Investment im P2P-Markt also nicht nur als langfristige Anlage sehen, sondern auch versuchen, genau so damit umzugehen. Das bedeutet, dass wir dahinkommen müssen, nur einmal im Monat oder vielleicht sogar noch seltener auf unser Portfolio zu schauen. Was undenkbar erscheint, wird durch die angebotenen Werkzeuge wie die Investitionsagenten oder Portfolio-Builder möglich. Gerald Hörhan[39]spricht oft vom "perfekt skalierbaren und emotionslosen Investmentsystem" und das sollte unser höchstes Ziel in jeder Anlageklasse sein.

[39] Auszug aus Wikipedia: Gerald Hörhan ist ein österreichischer Manager, Investor und Autor. Er ist vor allem durch seine umstrittenen Thesen zur Vermögensplanung und seine Kritik an der Europäischen Union bekannt geworden.

Emotionen ausschalten durch automatisches Investieren, Füße still halten und nur bei Bedarf Justierungen und Anpassungen vornehmen. Uns ist bewusst, dass dieser Weg kein einfacher ist und auch seine Zeit braucht, er jedoch unter allen Aspekten unserer Meinung nach der beste ist.

8. Falsche Anlagestrategie: Vielen Neulingen im P2P-Investment ist nicht klar, dass ihr Geld für Jahre gebunden sein wird, wenn man nicht auf die Kreditlaufzeit achtet. 5 Jahre sehen bei 25 Euro Anlagesumme erstmal nach keiner sonderlich langen Bindung aus und der verführerische "Bieten-Button" neben der hohen Rendite-Zahl lockt. Doch ist das Geld erstmal im Topf, ist es weg und dazu noch ungewiss, ob man es jemals wiedersieht. Wir sollten uns also von Anfang an überlegen, wie langfristig wir anlegen wollen und ob wir eventuell kurzfristig das Geld benötigen. Dieses können wir dann über kurzlaufende Kredite steuern. Die niedrigste Laufzeit liegt bei den meisten Anbietern bei 12 Monaten. Eine Art "Schleudersitz" gibt es bei allen P2P-Plattformen mit Zweitmarkt. Hier kannst du deine Investitionen (natürlich meist mit Abschlag) schnell verkaufen und das Geld fließt zurück auf dein Konto. Aber an alle diese Möglichkeiten und Eventualitäten muss man **vor** dem Start eines Investments denken, ja vielleicht sogar vor der Auswahl eines Anbieters.

9. Ignorieren von Kosten: Wer die Kosten von Transaktionen oder ähnlichem über längere Dauer ignoriert, steht am Ende in der Regel wesentlich schlechter da (und wir reden hier nicht von Kleckerbeträgen) als jemand, der 5 Minuten Recherche betreibt, um einen günstigen Anbieter zu finden. Die Kostenstruktur von P2P-Plattformen ist (wen wundert es noch?) nicht einheitlich, sondern höchst individuell und verändert sich zudem noch laufend. Folgende Tabelle zeigt die Kosten einiger Plattformen zum Redaktionsschluss dieses Buches auf:

Anbieter	**Erstmarkt**	**Zweitmarkt**
Auxmoney.com	1%	-
Bondora.com	0%	0%
Lendico.com	1%	-
Zencap.com	1%	-
Ablrate.com	0%	0%
Investly.eu	0%	-
Estateguru.com	0%	-
SavingStream.co.uk	0%	0%
Mintos.com	0%	1%

Tabelle 3: Gebühren P2P-Vermittler

Zu beachten ist hierbei, dass sich die Prozentzahlen oft auf unterschiedliche Berechnungsgrundlagen beziehen. Genauere Informationen über die Gebühren findest du auf den Seiten der entsprechenden P2P-Vermittler. Man sieht auf den ersten Blick, dass man bei der Vielzahl von Anbietern sehr wohl auf diejenigen ausweichen kann, welche keine Kosten besitzen oder sehr wenig. Vorausgesetzt der kostenpflichtige Anbieter besitzt nicht irgendwelche wertschöpfenden Funktionen, welche eine Auswahl dennoch rechtfertigen könnte. Auxmoney.com und Bondora.com sind beispielsweise für uns solche Kandidaten. Vergleiche also regelmäßig die Kosten der von dir favorisierten Anbieter, um zu schauen, ob sich ein weiteres Investment bei einem anderen Anbieter lohnen würde oder ob es sich vielleicht sogar lohnt, dein derzeitiges Portfolio dorthin umzuziehen.

10. Schnellen Reichtum durch P2P erreichen wollen: P2P ist kein Freifahrtschein für schnellen Reichtum. Auch wenn man bei einigen Anbietern Traumrenditen von 20% und teilweise sogar mehr sieht und erzielen "kann", sollte man sich immer bewusst sein, dass Rendite von Risiko kommt und diese zwei Werte stark positiv korrelieren. Ist die Rendite hoch, ist im Allgemeinen auch das Risiko hoch. Als Beispiel siehst du hier einen Screenshot der zu erwartenden Renditen vom Anbieter Bondora.com, gestaffelt nach Rating und Risikoklasse:

Gegenwärtige Nettorendite, Bruttoeinkommenssteuer und exkl. Einkünfte aus Strafzinsen

	AA	A	B	C	D	E	F	HR
MEHR ALS 60 TAGE ÜBERFÄLLIG	0,36%	1,91%	3,58%	4,44%	7,80%	8,64%	13,04%	32,68%
ERWARTETER EFFEKTIVER ZINS	14,69%	16,18%	18,17%	23,02%	27,32%	32,42%	39,45%	63,37%
WERTBERICHTIGUNGSRATE	1,60%	2,41%	3,96%	7,33%	10,98%	15,28%	20,79%	42,87%
ERWARTETE RENDITE	13,09%	13,77%	14,21%	15,69%	16,33%	17,14%	18,67%	20,50%

Abbildung 18: Erwartete Rendite

Schaue nicht mit Scheuklappen auf den erwarteten effektiven Zins und überweise auch nicht dein Monatsgehalt auf die Konten von Kreditnehmern mit der schlechtesten Bonität. Du solltest das Investment ernst und professionell angehen. Baue dein Portfolio langsam auf, sammle Erfahrung und hol dir letztendlich die Rendite, welche zu deinem persönlichen Risikoprofil passt. Eine Wertberichtigungsrate von geschätzten 40% aus unserem Beispiel ist enorm und man muss es erstmal verkraften können, wenn die Hälfte des Portfolios aus Zahlungen besteht, die lange überfällig sind und kurz vor dem Inkasso stehen.

17. STUDIEN UNABHÄNGIGER INSTITUTIONEN BEZÜGLICH P2P

"Ja, aber ist das denn nun sicher? Was ist, wenn mein Geld weg ist?"

Neben den in diesem Buch erwähnten Risiken von P2P-Lending gibt es natürlich noch den zu erwähnenden Punkt, dass Plattformen, wie die in diesem Buch vorgestellten, zwar Bonitätsprüfungen durchführen, aber die Qualität dieser Bonitätsprüfungen bis zum heutigen Tag sehr intransparent für die Investoren sind. Siegel und Stempel sind schnell erstellt und deshalb ist es für dich als Leser und auch für uns Autoren natürlich interessant zu wissen, was unabhängige Institutionen dazu zu sagen haben. Nach unserer intensiven Recherche ergibt sich hier ein gemischtes Bild.

In den USA, wo Schulden einen viel alltäglicheren Charakter haben als in Deutschland, gab es bis zum Jahr 2008 teilweise Kreditausfallraten von bis zu 20%. Das hat sich allerdings geändert, seit die SEC[40] in den USA rigoros eingegriffen hat und die

[40] Die United States Securities and Exchange Commission (SEC) ist als US-Börsenaufsichtsbehörde für die Kontrolle des Wertpapierhandels in den Vereinigten Staaten zuständig.

Spielregeln strenger gemacht hat. Laut dem US-Wissenschaftler Robert B. Lamb von der Leonard N. Stern School of Business in New York sei P2P-Lending ein "solides Geschäft", was sich alleine schon darin sehen lasse, dass die Branche jährlich bis zu dreistellige Wachstumsraten aufweist, und das wohl kaum möglich wäre, wenn eine große Anzahl an Krediten nicht bedient werden könnte und tausende Anleger ohne Rendite nach Hause gehen würden.

Da in Deutschland der P2P-Markt im Vergleich dazu noch in den Kinderschuhen steckt, fallen auch die Überprüfungen und Aussagen unabhängiger Institutionen spärlicher aus. Die Stiftung Warentest hat sich zweimal den Anbieter Auxmoney.com und einmal Smava.com zur Brust genommen und kommt zu einem insgesamt positiven Fazit. Während im Jahr 2010[41] noch die "irreführende Werbung" und die "langen Bestätigungszeiten für Kreditnehmer" kritisiert wurden, die dazu führten, dass Kreditnehmer auch dann zur Kasse gebeten wurden, wenn gar kein Kredit zustande kam, klang der Bericht von 2013[42] schon positiver: "Beide Anbieter (Auxmoney.com, Smava.com) sind heute für Kreditsuchende eine Alternative zur Bank. Für Menschen, deren Bonität nicht die beste ist, kann der Kredit sogar günstiger sein als bei der Bank. Risikofreudige Geldgeber können gute Renditen erzielen."

Im Jahr 2014 erfolgte die bisher größte Studie zum Thema P2P in Europa durch die Universität Cambridge. Diese wird in einem nachfolgenden Kapitel behandelt.

---

[41] https://www.test.de/Privatkredite-ueber-Auxmoney.com-Falle-fuer-Kreditsuchende-4146282-0/

[42] https://www.test.de/Smava.com-und-Auxmoney.com-Privatkredite-im-Internet-4540421-4540426/

18. SIND P2P-KREDITE ZUKUNFTSSICHER?

Die vom Titel dieses Kapitels ausgehende Frage ist alles andere als leicht zu beantworten, denn die Zukunft ist niemals vorhersagbar und das gilt auch und vor allem für Investments jeglicher Art. Selbst historische Daten, aus denen spekulative Ableitungen möglich sind, gibt es für die P2P-Anlageklasse kaum. Wir können also nur Vermutungen anstellen, wohin der Weg irgendwann gehen wird.

Fakt ist: Derzeit entwickeln sich P2P-Anbieter in sämtlichen Kredit-Segmenten (private Unternehmenskredite, Privatfinanzierungen von Flugzeugen etc.) und Ländern schnell und es kommen immer neue dazu. Dieser Trend wird sich wahrscheinlich auch erstmal weiter fortsetzen, denn es gibt momentan nichts, was dagegen spräche. Das heißt aber nicht, dass nicht morgen etwas passieren kann, was die Entwicklung dieser Märkte vollkommen einschränken wird (z. B. Gesetzesänderungen).

Momentan geht der Trend bei einigen Anbietern stark dorthin, ihre Vermittlungen ebenfalls über deren Ländergrenzen hinweg für den europäischen Markt zu öffnen. Bondora.com z. B. hat seine Vermittlungen stufenweise auf Länder wie Spanien und die Slowakei erweitert, sowohl für Kreditnehmer als auch für Kreditgeber ergeben sich hiermit neue Möglichkeiten und ebenso

für uns Deutsche ist es ja bekanntlich inzwischen möglich, bei Bondora.com Geld zu investieren (das war nicht immer so). Auch andere Anbieter wie Mintos verfahren derzeit so, daher werden aller Voraussicht nach die Möglichkeiten für Investitionen in Privatkredite, sowie deren einfache Handhabbarkeit, weiter steigen, nicht nur europaweit, sondern auch weltweit. Natürlich wird dies nicht nur Vorteile haben, sondern ebenso für Intransparenz und Verwirrung sorgen. Daher ist es umso wichtiger, früh fundiertes Wissen über den P2P-Markt aufzubauen, sofern man beabsichtigt, dort sicher und mit Verständnis langfristig zu investieren.

Weiterhin sollten wir als deutsche Anleger wissen, dass der P2P-Markt in Deutschland noch stark im Wachstum begriffen ist und wir im Vergleich zu beispielsweise den USA noch lange nicht das Potential dieser Anlageklasse genutzt haben. Zum Vergleich sollten wir uns einmal die ungefähren Kreditumsätze der größten Anbieter aus Deutschland, Großbritannien und den USA anschauen:

Auxmoney.com (DE): ca. 171 Millionen Euro im Jahr
Zopa (GB): ca. 1 Milliarde Pfund im Jahr
LendingClub.com (US): ca. 6 Milliarden Dollar im Jahr[43]

Anhand dieser Zahlen können wir davon ausgehen, dass die bestehenden und auch neuen Anbieter hierzulande noch einiges auffahren werden und auch müssen, um ihr Kreditvolumen zu steigern. Beispielsweise gibt es in Deutschland zum Redaktionsschluss dieses Buches kaum einen P2P-Vermittler, der eine Handy-App nutzt, womit Anleger auch mobil schnell reagieren könnten. Weiterhin könnten Versicherer auf den P2P-Markt aufspringen und Kapital der Anleger absichern und so zusätzliches Vertrauen für die Investoren aufbauen. Das Anlage-Versicherungskonzept für P2P-Kredite ist in China entstanden, nachdem einige Mitarbeiter der Geschäftsführung des P2P-Vermittlers "Wangwangda" mit Teilen des verwalteten Geldes der Anleger spurlos verschwunden sind.

Einen weiteren und, wie wir finden, sehr genialen Ausblick über

---

[43] Onlinevergleich aus dem Portal boerse-online.de vom März 2015

die Möglichkeiten der P2P-Branche bietet das Buch "The End of Banking" von Jonathan McMillan[44]. Hier geht es darum, wie man in Krisen verhindern kann, dass der Staat für die Verbindlichkeiten von Banken einspringen muss. Der Autor ist der Meinung, dass Banken im heutigen System kurzfristig günstige Einlagen von Kunden annehmen, diese jedoch zu langfristig und teuer an Kunden weiterverkaufen. Mit dieser Philosophie vergeben Banken legal mehr Kredite, als mit deren finanziellen Einlagen gedeckt ist. Um dieses System lauffähig zu halten und den Anlegern ihre Anlagen zu sichern, gibt es die Einlagensicherung (die Höhe und Ausprägung variiert von Land zu Land). Dies bedeutet aber auch, dass Banken bei der Kreditvergabe keine Vorsicht walten lassen müssen, denn sie verlieren im Zweifel kein eigenes Geld und können, wie zuletzt die Finanzkrise zeigte, darauf vertrauen, dass der Staat im Notfall einspringen wird. Als Lösung für dieses Problem schlagen die Autoren den offenen Kreditmarkt (P2P-Lending) vor, um nur Kredite zu vergeben, welche auch sicher im Vorfeld finanziert wurden. Einen Vorschlag, der wahrscheinlich kaum in Gänze umsetzbar ist, der aber viel Stoff zum Nachdenken und Informationen über die Möglichkeiten dieser Branche vermittelt. Die ersten Schritte in diese Richtung sind sogar schon getan; der britische P2P-Vermittler Funding Circle und die spanische Santander Bank arbeiten seit kurzem Hand in Hand, um Kreditnehmer mit Geld zu versorgen.[45]

Abschließend können wir also (wie in der Einleitung zu diesem Kapitel schon angedeutet) keine wirkliche Vorhersage über die Zukunft der P2P-Branche machen. Es gibt noch immens viele Unsicherheiten, aber auch ebenso viele Chancen auf Wachstum. Festhalten können wir, dass Anbieter viel dafür tun müssen, um Transparenz und Vertrauen zu schaffen. Jeder Anbieter muss potentiellen Anlegern klar machen, worauf sie sich beim Abenteuer "Investment in Privatkredite" einlassen. Der Anleger sollte beispielsweise im Vorfeld erfahren, wie die Statistik zu den Kreditausfällen aussieht, wie sich die vom Anbieter berechnete

[44] Weitere Informationen in den Literaturempfehlungen

[45] https://www.fundingcircle.com/blog/2014/06/funding-circle-santander-announce-partnership-support-thousands-uk-businesses/

Rendite zusammensetzt und vieles mehr. Einige dieser Daten sind einfach noch schwer bereitzustellen, da viele Unternehmen recht jung sind. Eine Kennziffer über Kreditausfälle bei einem Anbieter, der erst seit 2015 existiert, ist logischerweise auch von geringem Wert.

Ein Branchenwachstum erfordert interessierte Schuldner und Anleger und diese müssen in gleichem Maße geworben und gefördert werden. Aufgrund der Masse von P2P-Anbietern, welche derzeit Jahr für Jahr auf den Markt fließen, ist zum jetzigen Zeitpunkt noch nicht abzusehen, welche Anbieter letztlich überleben werden, daher sollte die Entscheidung über ein langfristiges Investment überlegt abgewogen und entschieden werden. Beachte hierzu unsere Checkliste zur Anbieterauswahl aus dem entsprechenden Kapitel.

19. STATISTIKEN UND WISSENSCHAFTLICHE STUDIEN ZU P2P-LENDING

Da die moderne Version der P2P-Kredite noch nicht so lange existiert wie Aktien oder Immobilien, gibt es dementsprechend nicht so viele Studien und Statistiken zur Performance und zu Renditen dieser Geldanlageform.

Die Universität von Cambridge führte Ende 2014 eine Studie zu alternativen Finanzierungsmethoden in Europa durch.[46] Dort wurden unter anderem die Wachstumsraten unterschiedlicher "alternativer" Finanzierungsmethoden in Europa analysiert. Das Ergebnis der Studie sagt aus, dass der alternative Finanzierungssektor, zu dem P2P-Lending den größten Teil beiträgt, in Europa mehr an Bedeutung gewinnt, allerdings teilweise starke Unterschiede zwischen den einzelnen Ländern aufweist. So ist England der größte Wachstumstreiber, der im Jahr 2015 für

[46] Die gesamte Studie kann unter folgender Adresse heruntergeladen werden: http://www.jbs.cam.ac.uk/fileadmin/user_upload/research/centres/alternative-finance/downloads/2015-uk-alternative-finance-benchmarking-report.pdf

mehr als 80% des Kreditvolumens bei alternativen Finanzierungen verantwortlich sein wird. Insgesamt schätzt die Universität, dass sich das Online-Transaktionsvolumen von alternativen Finanzierungsmethoden auf 7 Milliarden Euro belaufen wird.

Es wird kritisiert, dass einige Länder wie beispielsweise Italien einen schlechten Online-Zugang zu alternativen Finanzierungen ermöglichen, welches sich unter anderem durch die starken Regulierungen negativ auf die gesamtwirtschaftliche Entwicklung auswirken könnte.

Folgende Statistik soll dir die Wichtigkeit und das Wachstum von alternativen Finanzierungsmodellen verdeutlichen:

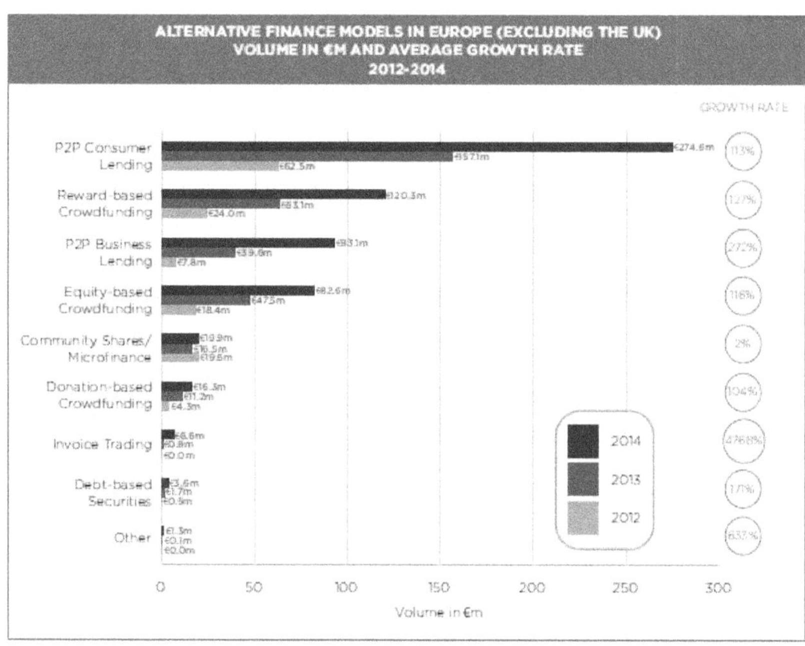

Abbildung 19: Alternative Finanzierungsmodelle in Europa

Diese Statistik zeigt das Marktvolumen von alternativen Online-Finanzdiensten in Europa unter Ausschluss von Großbritannien von 2012 bis 2014 unterteilt nach der Finanzierungsform. Zu diesen alternativen Finanzierungsformen zählen Finanzkanäle und Finanzierungsinstrumente, die außerhalb der traditionellen

Finanzwirtschaft entstehen. Beispiele dieser alternativen Kanäle sind Online-Plattformen für Equity-Based Crowdfunding[47] oder die Peer-to-Peer-Kreditvergabe. Alternative Finanzierungsinstrumente umfassen KMU-Mini-Bonds[48], Private Placements[49] sowie andere Mechanismen des sogenannten Schattenbanksystems[50], Social Impact Bonds[51] und alternative Währungen wie Bitcoin[52]. Im Jahr 2012 erreichte der deutsche Online-Markt für alternative Finanzierungsformen im Bereich P2P Consumer Lending ein Volumen von rund 20 Millionen Euro. Es wird hier interessant sein zu beobachten, ob die teilweise dreistelligen Wachstumsraten bei vermittelten Privatkrediten über P2P-Lending bestehen bleiben werden.

Wir persönlich finden die im Verhältnis rasche Entwicklung bzw. "Übernahme" von Ideen der alternativen Finanzierungen in den einzelnen Ländern bemerkenswert. Ein historisches Beispiel: Der erste ETF (Exchange-traded fund[53]) wurde in Amerika bereits

---

[47] Eigenkapitalbasierte "Schwarmfinanzierung"

[48] Anleihezeichnung kleiner mittelständischer Unternehmen zur Finanzierung von Investitionen.

[49] Privater, nicht öffentlicher Verkauf (Platzierung) von Vermögensgegenständen.

[50] Z. B. Tochtergesellschaften von Banken, die außerhalb der Bankbilanzen tätig werden oder Unternehmen, die innerhalb des gesetzlichen Rahmens Finanzgeschäfte betreiben, dabei selber aber keine Kreditinstitute sind, beispielsweise Hedgefonds oder Private-Equity-Fonds.

[51] Ein Politik- und Finanzierungsinstrument, bei dem soziale Dienstleistungen privat vorfinanziert und im Erfolgsfall öffentlich rückvergütet werden.

[52] Englisch für "Binärziffermünze", ist ein weltweit verfügbares dezentrales Zahlungssystem und der Name einer digitalen Geldeinheit. Weitere Informationen findet ihr unter https://de.wikipedia.org/wiki/Bitcoin

[53] Ein Exchange-traded fund (ETF) (englisch für „börsengehandelter Fonds") ist ein Investmentfonds, der an einer Börse gehandelt wird.

in den 1970er Jahren eingeführt (auch wenn sie damals noch eine andere Bezeichnung hatten). Es dauerte aber Jahrzehnte, bis auch in Europa diese Anlageprodukte "entdeckt" wurden. Dies ging bei P2P-Lending wesentlich schneller, da die Anbieter hier dank des Internets viel schneller die Dinge kopieren konnten, die gut funktionierten. Allerdings kann es gut sein, dass sich in einigen Jahren ein paar große P2P-Vermittler etabliert haben werden und das Geschäft der kleineren Vermittler übernehmen, die dann entweder vollkommen vom Markt verschwinden oder von den großen Vermittlern aufgekauft werden.

20. FAZIT

Nachdem du nun viel über P2P, die Vermittler, die Techniken etc. gelesen und gelernt hast, möchten wir es uns nicht nehmen lassen, unsere finale Meinung zu äußern. Sicherlich gibt es viele Unsicherheiten, Nachteile und es liegt auch viel Arbeit vor dir, wenn du dich in diesen Bereich einarbeiten möchtest. Jedoch ist ein Investment in der Anlageklasse P2P in unseren Augen aufgrund der sehr niedrigen Korrelation zum Aktienmarkt eine interessante Alternative bzw. Erweiterung zu deinem bestehenden Gesamtportfolio. Weiterhin passt es zu den Grundprinzipien eines intelligenten Investors. Anlehnend hierzu sagte Gerald Hörhan einmal: "Es ist besser Schulden zu besitzen, anstatt welche zu haben". Er hat vollkommen recht, und mit einem Investment auf dem P2P-Markt haben wir genau jetzt auf einfachste Weise diese Chance.

Uns gefallen auch die derzeitige Anbieterauswahl und die niedrigen Kosten sehr gut. Es ist so ziemlich für jeden Geschmack etwas dabei. Jeder Anbieter hat hier und da seine Vorteile und Features, und die Entwicklung ist noch lange nicht gestoppt. Wir sind sehr gespannt, wie hier die Zukunft aussehen wird und welche Anbieter sich am Ende mit welchen Features durchsetzen werden. Auch hoffen wir, dass weitere Anbieter außerhalb Deutschlands ihren Kapitalmarkt für uns Deutsche öffnen (Bondora.com geht hier als gutes Beispiel voran) oder dies von Beginn an tun (wie der lettische Anbieter Mintos).

Interessant wird auch sein, wie sich die Anlegergemeinde entwickeln wird. Unser Buch ist eines der wenigen, welches sich mit spezifischen P2P-Vermittlern, Anlegerstrategien und entsprechenden Werkzeugen zur Ausführung auf dem P2P-Markt auseinandersetzt und wir hoffen, dass noch viele weitere von anderen Autoren folgen werden. Das Material und die Möglichkeiten sind in jedem Fall vorhanden und auch die Community wächst von Tag zu Tag. Es gibt also viel zu entdecken, zu entwickeln und zu recherchieren mit der Absicht letztendlich unser aller Rendite zu verbessern.

So, nun liegt es an dir, die Tipps aus unserem Buch zu verinnerlichen und auf dieser Basis deine persönliche Strategie zu entwickeln, um am Ende mit einer guten Rendite die Ernte deiner Mühen einzusammeln. Wenn der P2P-Markt nichts für dich ist, ist das natürlich auch vollkommen in Ordnung, denn auch für diese Entscheidung hat das Buch seinen Nutzen und Zweck. Egal was du tust, denke immer daran: nicht kopflos reagieren und gleich losstürmen! Eine Idee erst mal reifen lassen. Auch wichtige Entscheidungen einfach mal eine Weile liegen und "sacken" lassen. Denn es kommt immer nur darauf an, die Dinge richtig anzugehen, und es ist immer besser, das Ziel langsam zu erreichen, als es gar nicht zu erreichen.

Eine kleine Bitte zum Abschluss an dich: in diesem Buch steckt viel Arbeit und unsere persönliche Zeit. Wir würden uns daher sehr darüber freuen, ein positives Feedback von dir zu erhalten, denn das ist eine Bestätigung unserer harten, disziplinierten und ausdauernden Arbeit und ermöglicht es uns, das Buch mit weiteren Auflagen zu erweitern, zu verbessern oder sogar einen weiteren Folge-Ratgeber für dich zu entwickeln. Hierzu kannst du eine Rezension auf Amazon.de hinterlassen. Du kannst auch per E-Mail persönlich mit uns in Kontakt treten, wenn du möchtest. Wir freuen uns immer auf persönliche Nachrichten, vor allem aber auf Verbesserungsvorschläge oder Ideen für weitere Themen, welche anderen P2P-Investoren helfen könnten, ihr Investment zu verbessern. Zögere also bitte nicht uns zu schreiben, jede einzelne Mail wird gelesen, alle Ideen werden gesammelt und bewertet und vielleicht findest du dann bald genau dein Thema bzw. deine vorgeschlagene Idee in der nächsten Auflage oder dem Folge-Ratgeber.

Kontakt:
Kolja: kolja@aktienmitkopf.de
Lars: lars@passives-einkommen-mit-p2p.de

In diesem Sinne bedanken wir uns herzlich für das Vertrauen, das du uns mit dem Kauf dieses Buches entgegengebracht hast, hoffen sehr, dass es deinen Erwartungen gerecht werden konnte und wünschen dir viel Erfolg in allen Anlageklassen, in denen du unterwegs bist.

Kolja Barghoorn & Lars Wrobbel

21. LITERATUREMPFEHLUNGEN

Abschließend möchten wir dir noch ein paar Anregungen für weitere Buchkäufe mit auf den Weg geben, welche wir als sinnvoll erachten, weil wir sie entweder selbst gelesen haben und als wertvoll für jegliche Investments halten oder weil sie mit der P2P-Anlageklasse zu tun haben.

- P2P-Kredite – Marktplätze für Privatkredite im Internet von Fabian Blaesi (ISBN 3839149320)
- Die Bank sind wir: Chancen und Perspektiven von Social Banking von Lothar Lochmaier (ISBN 393693164X)
- The LendingClub.com Story: How the world's largest peer to peer lender is transforming finance and how you can benefit von Peter Renton (ISBN 1481131737)
- Investment Punk: Warum ihr schuftet und wir reich werden von Gerald Hörhan (ISBN 3548373844)
- Intelligent Investieren: Der Bestseller über die richtige Anlagstrategie von Benjamin Graham (ISBN 3898798275)
- Souverän investieren mit Indexfonds und ETFs: Wie Privatanleger das Spiel gegen die Finanzbranche gewinnen von Gerd Kommer (ISBN 3593504545)
- Die Kunst, über Geld nachzudenken von André Kostolany (ISBN 3548375901)

- Money: Die 7 einfachen Schritte zur finanziellen Freiheit von Tony Robbins (ISBN 389879914X)
- Reich werden und bleiben: Ihr Wegweiser zur finanziellen Freiheit von Rainer Zitelmann (ISBN 3898799204)
- Cashflow Quadrant: Rich dad poor dad von Robert Kiyosaki (ISBN 3898795918)
- Der Schwarze Schwan: Die Macht höchst unwahrscheinlicher Ereignisse von Nassim Nicholas Taleb (ISBN 3423345969)

22. WEITERE INFORMATIONSQUELLEN IM INTERNET

Auch im Internet gibt es, wie immer, wertvolle Informationen zu finden. Ob Blogs, Foren oder auch die bereitgestellten Information der P2P-Plattformen selbst. Die unserer Meinung nach wertvollsten Informationsquellen haben wir im Folgenden für dich aufgelistet:

- www.p2p-anlage.de - auf dieser Seite zeigt dir Andreas (Bandit55555) gut recherchierte Informationen zu aktuellen P2P-Themen. Besonders wertvoll sind in unseren Augen, sind seine monatlichen P2P-Anbieter Rankings, welche er selbst erstellt.
- www.finanzwesir.de - der Blog von Albert Warnecke ist eine unserer absoluten Lieblingsinformationsquellen rund um das Thema Finanzen. Seine Artikel sind einfach klasse zu lesen.
- www.lending-school.de - die Lending School in ein schön strukturierter Blog mit Newsbereich, Grundlagenwissen und detaillierten Informationen zu diversen Anbietern. Wir schauen hier immer mal wieder gern vorbei, um uns zu aktuellem Geschehen auf dem P2P-Markt zu informieren oder etwas nachzuschlagen.
- www.sauerkrautundzaster.de - Auf diesem liebevoll geführten Blog berichtet Frau Zaster über viele interessante Themen rund um die Finanzwelt (auch P2P) und recherchiert geniale Informationen. Aufgrund ihrer leidenschaftlichen Schreibweise und der hohen Qualität ihres Blogs, sind ihre Artikel schon fast Pflichtlektüre für uns.
- www.p2p-kredite.com – eine weitere wertvolle Quelle ist die Website von Claus Lehmann, der regelmäßig und qualifiziert über neue Themen in der P2P-Welt berichtet. Es gibt auch ein anhängendes Forum, dessen Wert als Informationsquelle enorm hoch ist.

www.ingramcontent.com/pod-product-compliance
Lightning Source LLC
LaVergne TN
LVHW012349220826
846091LV00016B/4184